中共天津市委教育工作委员会
天　津　市　教　育　委　员　会　指导编写

育子先育己

——家长自我成长36例

主　编　陈秀茹
副主编　董晓晖

天津大学出版社
TIANJIN UNIVERSITY PRESS

图书在版编目(CIP)数据

育子先育己：家长自我成长36例：中共天津市委教育工作委员会、天津市教育委员会指导编写／陈秀茹主编；董晓晖副主编. -- 天津：天津大学出版社，2022.4

ISBN 978-7-5618-7160-7

Ⅰ. ①育… Ⅱ. ①陈… ②董… Ⅲ. ①家庭教育 Ⅳ. ①G78

中国版本图书馆CIP数据核字(2022)第068672号

YUZI XIAN YUJI—JIAZHANG ZIWO CHENGZHANG 36 LI

出版发行	天津大学出版社
地　　址	天津市卫津路92号天津大学内(邮编:300072)
电　　话	发行部:022-27403647
网　　址	www.tjupress.com.cn
印　　刷	天津泰宇印务有限公司
经　　销	全国各地新华书店
开　　本	148 mm×210 mm
印　　张	6.5
字　　数	187千
版　　次	2022年4月第1版
印　　次	2022年4月第1次
定　　价	38.60元

序

每个孩子在家庭中的重要性是不言而喻的。他们的身后，都会有一双双深情关注的眼睛，这里有期待，有要求，有担忧，有焦虑……孩子们的举手投足无不牵动着父母的心。

当今社会，家长对子女教育的重视程度越来越高，现代家庭教育意识逐渐增强，家长与孩子的关系趋于民主平等。许多家长也在努力改变，积极树立自己在孩子心目中的形象……家庭教育领域新的理念正悄然形成，给家庭教育注入新的活力。随着社会的发展，传统的家庭教育方式越来越难以适应现代家庭教育的需要。青少年在成长过程中出现了越来越多的问题。有研究发现，诸多家长缺乏家庭教育知识，当遇到家庭问题时，他们缺乏科学的家庭教育方法，不能妥善地处理，导致产生焦虑，甚至痛苦等情绪。显然，家庭教育作为一门重要的课程，摆在了每一位家长的面前。2020 年新冠肺炎疫情的爆发，让我们再次认识到了家庭教育的重要性。2021 年，中共中央办公厅、国务院办公厅印发《关于进一步减轻义务教育阶段学生作业负担和校外培训负担的意见》，我们又迎来了“双减时代”，让教育回归本真。家长必须强化对教育的认识，努力提升家庭教育能力。2021 年 10 月 23 日，中华人民共和国第十三届全国人大常委会第三十一次会议表决通过了《中华人民共和国家庭教育促进法》(简称《家庭教育促进法》)，家教立法，重建教育生态，家校社协同，让教育更有力量。

家庭是孩子人生的第一所学校。家庭教育最大的问题是家长的自我成长问题。想要摆脱焦虑，家长的改变和成长至关重要，这就需要广大家长加强自身的学习。《育子先育己——家长自我成长 36 例》一书，汇集了 36 位家长的成长故事。这里没有华丽的辞藻，只有他们的所见、所闻、所学、所思、所感、所悟，每个案例后还附有专家的精彩点评，相信对提升家长的家庭教育能力会有很大帮助。

只有成为优秀的家长，才能使孩子健康成长，才能促进社会的和谐发展。随着“双减”政策和《家庭教育促进法》的出台落地，相信会有越来越多的家长走进家庭教育，不断提升自己“爱”的能力，成为懂自己、懂孩子、懂教育的家长，更好地陪伴孩子成长！

董晓晖

2022 年 4 月

目录
Contents

家长，您是孩子的好榜样

为学习贯彻习近平总书记关于家庭教育的重要论述，落实《关于进一步加强和改进未成年人思想道德建设的若干意见》和全国家庭教育大会的精神，2015 年 10 月，教育部出台了《教育部关于加强家庭教育工作的指导意见》，将家庭教育纳入公共服务体系，要求家长接受科学规范的家庭教育，通过言传身教给孩子上好人生的第一课。家庭教育引起社会广泛关注，指导家长科学育子愈发重要和紧迫。

2021 年 7 月 23 日，中共中央、国务院出台《关于进一步减轻义务教育阶段学生作业负担和校外培训负担的意见》的“双减”政策，这一政策的实施需要家庭、学校、社会三方加强协同，在全社会范围内营造良好的育人氛围。2021 年 10 月 23 日，全国人大常委会表决通过了《家庭教育促进法》，更是把家庭教育由旧时期的传统“家事”上升为新时代的重要“国事”。家长的素养不仅直接关系家庭教育的效果，而且关乎祖国的未来。家长是孩子的第一教育者，请家长牢记：您永远是孩子的好榜样。

一、家长是孩子的好榜样——很重要

家庭是社会的基本“细胞”，是人生的第一所学校。一个人的成长与社会化的过程，乃至世界观、人生观、价值观的形成都是从模仿家长开始的。孩子犹如一面镜子照射出了家长最真实的模样。生活中，家长让孩子学习，自己却不喜欢读书；不让孩子玩手机，自己却机不离手；让孩子进步，自己却原地不动，没有任何变化。这样怎么能让孩子信服？可见，家庭教育不到位，不仅会抵消学校教育的效果，还会给孩子的发展造成消极影响。因此，家长的自我教育、自我成长，不仅是孩子最好的榜样示范，而且是对孩子最好的教育。

二、家长是孩子的好榜样——有标准

（一）好榜样的家长“三观”正

“三观”是指世界观、人生观、价值观。崇高的真善美是“三观”的目标。每个孩子与家长朝夕相处，家长的“三观”在孩子的成长中尤为重要。一个爱撒谎的家长，别指望孩子诚实；一个自私的家长，孩子不懂得感恩；一个暴力的家长，孩子不会去尊重他人。家长能够为孩子所做的便是用正确的“三观”给孩子一个正确的起点。

有真爱的好榜样——充满暖暖的爱的家长会培育出人格健全、爱心满满的孩子。这样的家长是接纳孩子的不完美的，这样的家长是温柔而坚定的，这样的家长让家里的每一个生命都能绽放。

有责任的好榜样——家长给孩子做好示范是一种责任。只有有责任心的家长，才会培养出有担当的孩子。只有有担当的孩子才能直面问题，才会有面对错误的诚实和勇气。

有德行的好榜样——家长遵纪守法、明辨是非。在生活中，做到不伤害、不妨碍他人、集体、社会，做一个有德行的人。用实际行动去影响孩子是最好的品德教育。

（二）好榜样的家长心态好

家长的积极心态，会助力孩子塑造积极的人生态度。事实表明，家长具有积极心态，会给孩子带来积极的暗示，给孩子以积极的影响，给孩子前行的动力。孩子则会呈现出良好的生命状态，健康成长。家长积极乐观、平和淡定，就会表现出得体的言行，自己积累的智慧就会自内而外地展现出来，所有的问题将会迎刃而解。可见，积极心态的力量是无穷的。

（三）好榜样的家长情商高

高情商的家长无论遇到孩子的任何问题，都能及时自我调整、认真思考，积极寻求解决问题的最佳方案。

首先，管好情绪巧沟通。孩子处理情绪的方式在很大程度上受到家长的影响。家长要带头管理好自己的情绪，再引导孩子管理好情绪。家长在亲子沟通中，要遵从有情绪不沟通的原则，先处理情绪，再处理事情。如离开现场，听听音乐，散散步，做一些自己喜欢的事情，转移一下注意力。调整好情绪，会有利于解决问题。

其次，思维转变共成长。一名具有成长型思维的家长，有利于做好家庭建设，遇到问题，直面问题，把遇到的每一个问题作为教育契机，关注孩子未来进步的空间，带动孩子一起修炼成长，而不是纠结于孩子当下的失利。这样不仅有助于建设和谐家庭，还培养了具有成长型思维、人格健全的孩子。

三、家长是孩子的好榜样——这样做

（一）好榜样是学出来的

成为好榜样是需要学习的。苏霍姆林斯基曾说，要实现家庭教育科学化，必须对家长进行教育和训练，提高家长作为教育者的素质。做合格的家长需要加强自身的学习，不断提高自己的综合素养，不断提升自己的育人本领。学习的形式多种多样，真正想学习提升的家长，一定会去积极探索多种多样的学习方式。例如，阅读相关家庭教育书籍，参加正规组织的家长课程，聆听家庭教育专题讲座，与专家一对一开展家庭教育跟踪指导，还可以合理利用碎片化时间通过互联网这个更便捷的渠道进行学习。随着“双减”政策的落地，相信会有越来越多的家长走进家庭教育的课堂，走进自我学习和成长的课堂，进行自我学习和修炼，成为懂自己、懂孩子、懂教育的家长。

（二）好榜样是做出来的

第一，改变的永远是自己。在指导家长成长的过程中，我们发现许多家长是在学习后，把所学的知识变为找家人和孩子毛病的工具，去指责和挑剔家人或孩子。也有的家长感到很委屈：“我都改了，他怎么还没有变化？”或是“为什么要我改？”家长千万不要披着改变自己的外衣，却一味要求别人努力改变。“十年树木，百年树人”，家长愿意为孩子而学习，愿意为孩子而改变自己，是需要心智和耐力的。

第二，坚定信念是保障。家长教育孩子不是一蹴而就的。孩子是在不断反复中螺旋式提升的。家长要坚定自己的信念，相信用心营造的家庭是幸福的，相信精心呵护的孩子是健康的，相信自己的智慧，相信办法总是比困难多。成为好榜样是需要坚持的，只有那些学习后去实际操作的，做了还能坚持做的，坚持做了还能总结反思、完善提高的家长，才会最终发生改变，收获幸福。

第三，宽严有度把握好。上蹿下跳的家长会让孩子无所适从。真正爱孩子的家长不是凭着心情教育孩子，他会用“一只手”无条件地接纳孩子，给孩子陪伴、包容、呵护；用“另一只手”去“把控”孩子，给孩子规则、自律与责任。只有做到放手不撒手，把握好“度”的家长，管而不束，放而不纵，才会让孩子信服，得到孩子的尊重。

（三）好榜样是悟出来的

要成为智慧家长，就要不断学习、不断思考，把所学不断内化，付诸行动。这样的好榜样才更有魅力。

第一，静心总结悟规律。《大学》中有这样一句话："定而后能静，静而后能安，安而后能虑，虑而后能得。"请家长品味其中的道理，多找自身的问题和产生问题的原因，生发出内在智慧，对症下药，积极行动，做真正的智慧家长。

第二，不断反复终领悟。知识升华为智慧是一个不断反复的过程。智慧的家长要努力实践、不怕犯错，错误才是让我们进步的"宝贝"。在"学"和"习"之间反复循环，时时处处给孩子做榜样，用正确的行动（身教）、正确的思想（儿童观、教育观）、正确的方法（新时代的新要求）去教育引导孩子，终有一天家长会收获从量变到质变的惊喜。

没有完美的家长，只有不断学习，与孩子一起成长的家长。家长好好学习，孩子天天向上！愿每一位家长在与孩子一起修行和成长的过程中以身作则，做孩子的好榜样！

PART 1

理念正确是前提

每一位家长都认为自己是爱孩子的，但是家长真的会爱孩子吗？这份爱是否能够助力孩子健康成长呢？这就需要用事实来说话了。在现实生活中，有许多孩子在家长的错爱中出现了各种各样的问题。究其原因，是望子成龙、望女成凤的家长们爱孩子的方式方法出了问题。家长自认为是爱孩子的，总是以“我以为”的观点去教育孩子，但这并不是给孩子真正的爱，不会爱还在爱，其实是对孩子的一种伤害。因此，改变观念是教育好孩子的前提。改变阻碍自己发展前进的观念，树立正确的观念，依法履责，拥有真正的爱。什么是真正的爱？真正的爱是暖暖的，是有力量的，是需要学习的。浇树先浇根，育人先育己。希望家长们不断修正自己，学会爱自己，学会爱爱人，学会爱孩子，积极创建幸福的家庭。

爸爸也有“位置”啦!

父子不做伴侣，则父子间容易发生隔膜。父不爱子，子也不爱父，名虽是父子，但实际上是陌路人。

——中国现代幼儿教育的奠基人　陈鹤琴

故事放送

我自己的小家庭就是结构比较简单的三口之家。自从孩子出生后,我就将大部分的精力放在了孩子身上。由于自己的双亲都已过世,我就自己独立带孩子。因此,我除了上班以外的时间,大部分都用来陪伴孩子。

虽然自己以前也阅读过各类育儿书籍,学到了一些简单的科学育儿理念和实操方法,但都是支离破碎的,没有系统性。往往是道理都明白,一遇到事情还是找不到方法,正所谓知易行难。比如,我知道在孩子年幼时多陪伴是应当的,但我不知道孩子不仅仅需要母亲,更需要父亲的陪伴。平日里,都是亲自动手惯了,面对孩子爸爸的参与一点儿都不习惯。我总是挑剔孩子爸爸笨手笨脚,指责他不知道带孩子学习,嫌他陪伴孩子的时候不如我,等等。我希望和孩子在一起多读书,少看电视,多做一些有意义的事情。而孩子爸爸则更喜欢和孩子自由玩耍或做些运动。为此,我总是生硬地剥夺孩子和爸爸相处的机会。渐渐地,先生也没有了办法,干脆自己去健身、踢球等。他只能在我忙的时候才得到与女儿相处的机会。

这样几年下来,女儿各方面的成长都还好,养成了爱阅读的习惯,也很有好奇心、求知欲，爱探索学习，这些都是令我十分欣慰的。可是，随着孩子年龄的增长，特别是入学后，她的思想越来越活跃，各种亲子问题也在凸显。我发现我们的家庭关系结构也慢慢地发生了转变。我和女儿的关系还算融洽，但我和我先生以及女儿和爸爸之间的联结变少了。我们在生活中很少交流，有事情时才会沟通两句，特别是一件小事让我不得不惊醒，反思我家的问题。

一天，我正忙于家务，让孩子爸爸带孩子。忽然，孩子和爸爸为了一点儿小事吵了起来。她对待爸爸的态度竟然傲慢无礼。孩子爸爸被气得鼓鼓的，涨红了脸对我说："还不都是你惯的！"看着女儿双手叉腰，对着先生指指点点的样子，我仿佛看到了自己的模样。这不就是我太过于忽略在女儿面前树立先生威信形象的后遗症吗？是自己对我先生的不尊重导致孩子学到的是对她爸爸的不尊重。

我原本希望女儿能成长在一个健康有爱的家庭中，但却又用自己的潜意识打破了美好的生活方式。女儿在这样的家庭关系中怎么能成长得好呢？

我意识到，这个问题是我现在生活中最棘手的问题。再这样下去，不仅仅是我们夫妻关系会发生大问题，也会影响到孩子的健康成长。

静思感悟

在 2019 年的春末夏初，在鲜花盛开的日子里，我带着这样的困惑，开始进行系统的家长课程学习。第一课就是关于"爱"的。在专家老师的侃侃而谈中，我知道了什么是真爱。真爱是接纳、付出和不求回报的，但一定要有原则和底线；真爱是暖暖的，是让对方能感受到的爱；真爱是信任，真爱也是信念。第一次接触这些观念的我，受到了深深的冲击。原来，自己对于爱的理解如此肤浅，仅仅停留在关注别人对于自己的态度或表现等这些外在的、表面的部分。自己在给予别人爱的时候，其实更多的也只是停留在表面上，或者是打着爱别人的旗号来证明自己、满足自己的需求。这样的爱是不会长久的，做得再多，别人也感受不到，甚至反感。这不仅体现在亲子关系中，其实在各种关系中都是同样的道理。真爱才是孩子人生的底色。

知道了什么是真爱，就要学习怎样爱。爱从关系开始，营造真爱的家庭环境需要处理好三个关系：亲子关系、夫妻关系和自身关系。其中，夫妻关系重于亲子关系，夫妻关系才是家庭的基础。

学到这里我恍然大悟，原来是我在处理这几种关系时，错误的观念导致我弄错了家庭关系中的主次顺序。我把全部的精力都放到了孩子身上。显然，我经营亲子关系用的心思和花费的时间、精力超出了用来经营夫妻关系的，导致家庭的平衡被打破。我把孩子放在了第一顺位上，错了！大错特错！长此下来，我先生觉得他在我心中可有可无。他心里的失落日积月累起来，像大山一样沉重。而我又不能理解他，却还要求先生对我一如既往，招之即来，挥之即去。这样下来，我先生不高兴，我也不快乐。我经常抱怨自己为家、为孩子付出了许多，我先生却连一句称赞和认可都得不到。整个家庭都弥漫在不和谐中。

不和谐的夫妻关系，给孩子的教育带来不良后果。我面对我先生时盛气凌人的样子，造成了女儿对爸爸的不尊重，也给家庭教育埋下了隐患。

自己真是哪儿哪儿都不对啊！

成功启示

既然找到了问题的根源，就要去行动，去改变。我努力改变观念，积极主动地营造和谐的家庭氛围。

我主动让出一些空间来，给我先生单独陪伴孩子的机会。如帮孩子检查数学作业，和孩子一起做游戏等。这个过程迅速增进了他们父女俩的感情，女儿也感到了父爱的温暖。而我自己，也正好利用这个时间为全家做一顿美味的晚餐，看看书，收拾一下房间，整理一下自己的心情。

此后，我家经常出现这样的场景：晚餐中，全家一起聊一聊有趣的事情；平日里，家人之间互相嬉笑打逗；或者，我早上起来为我先生洗好一个水果让他带着去上班等。虽然都是小事，但这样做在短期内就看见了成效。我坚信："改变的永远是自己，盯自己，增信念。"我们夫妻二人平等尊重、相互信任，共同营造爱的家庭环境。经过一段时间的努力，我们的生活也确实发生了变化。在我过生日的时候，很久都不主动送礼物的先生，竟然主动送给我一套化妆品，让我惊喜之余流下了泪水。

从现在起，我要用自己的行动给女儿做榜样，让她明白我们夫妻俩才是这个家庭的基础。女儿是这个家庭的一员。我们会平等地对待她。孩子不是家庭的中心，我们不应该都围着她转，要给她责任，让她也有担当，不断增强她的信心，促使孩子不断成长。

我还会继续坚持学习，我一定会进步，我的家一定会更幸福！

专家点睛

格鲁吉亚当代儿童心理学家阿莫纳什维利曾经说过："父亲在家里应当是有权威的人，他的威信越高，孩子对自己要求越严……孩子需要父亲，父亲应当是善良的、愉快的人，孩子小的时候，父亲常常忘记自己是大人，像淘气的孩子和孩子一起玩，孩子长大了，父亲是孩子的知心朋友和导师，既严格又正直，言行一致，成为孩子的榜样。"生活中，许多妈妈在家中俨然是一个女汉子的形象。不是爸爸不带娃，而是妈妈做得太多。妈妈的勤劳助长了爸爸的懒惰。转变观念，学会放手，才能从根本上断了"丧偶"式育儿的去路。所以请妈妈们放心大胆地把孩子交给爸爸们去带，带的时间长了经验自然也就多了，没有哪个妈妈天生会带娃，都是一路摸索学习过来的。一个家庭里，只有妈妈学会适当放手，爸爸懂得及时接手，才能为孩子撑起一片灿烂的天空，给孩子一个美好的未来。

家书传情

真教育是心心相印的活动，唯独从心里发出来，才能达到心灵的深处。

——中国人民教育家　陶行知

故事放送

今年春节，婆婆拿出一个包裹对我说："新的一年，送你一件最珍贵的礼物吧！"打开包裹，一封封发黄的信件散落出来。原来婆婆竟然收集了我支教那一年我与女儿的所有信件！

感谢老人的用心之余，我打开这一封封饱含亲情与温暖的信件，一时间思绪万千……

那一年，女儿要上三年级了，可是我却要离开家人，离开女儿去千里之外的甘肃支教。临行之前，家人们一起到教育局门口给我送行。看到女儿那依依不舍的神情，我的心里也是五味杂陈。自己将要把爱和陪伴奉献给大山里的孩子们了，可是自己的女儿却要远离妈妈，没有妈妈陪伴的成长将是多么孤寂啊。女儿小时候一直是我自己带着的，现在就要离开她去支教，一下子打破了原来的生活规律，更何况三年级正是孩子成长转折的关键期。

坐在西行的列车上，我还在纠结，奉献爱心的热情渐渐被离开女儿的不舍所冲淡。当我低头看手表时，突然发现表针停止了走动，定格在送行的那一时刻。难道我不该离开家人吗？我不在女儿身边会不会影响孩子的学习成长呢？

此时此刻，同行的李老师看到我默默不语，关切地问我："想孩子了吧？"我点点头。"时间很快就过去了。放心吧，你家孩子是一个很优秀的孩子。尽管没有妈妈的照顾，但要相信她会更加独立，会安排好自己的学习和生活。孩子总是要长大的。虽然相隔千里，办法总是有的，你可以多打打电话关注孩子，多沟通沟通。"

听了李老师的话，我的心情舒缓了许多。那么，如何超越时空，更好地陪伴孩子呢？

静思感悟

就在我为这个问题所困扰的时候，我发现同行的李老师每天晚上都会坐在台灯下专注地写家书。在与李老师的交谈中，我得知她丈夫在西藏支教，女儿在上海上大学。他们三个人之间除了打电话就是通过书信来沟通交流。尽管全家三人天各一方，但是相互安慰、相互鼓劲、相互温暖。从他们身上，我看到了家的温馨，看到了夫妻间、父女间、母女间爱的流动。

记得一位作家说过，"父母"这个角色是有"有效期"的，而且很短，只有十年。孩子的成长只有一次，教育无法重来，每位父母都必须对孩子亲力亲为。陪伴并不需要"大把"的时间，哪怕每天只有十分钟，只要父母做到全心全意，让孩子感受到爱与关注，就是成功的陪伴。

的确，陪伴与时间、频率都没有关系，关键在于用心，在于陪伴的质量。有的家长与孩子天天在一起，动不动就发脾气，对孩子又打又骂，没有耐心，这种陪伴对孩子则是一种伤害。有的家长与孩子在一起的时候，只顾自己玩手机，不与孩子交流，对孩子的一切问题只是简单地应付，这种陪伴也不利于孩子的成长。有的家长与孩子在一起，只是一味说教、指责与批评，这种陪伴会使孩子厌倦。只有家长全身心地参与孩子的成长，给孩子高质量的陪伴，才是有效的教育。

现在，我和孩子不能朝夕相处，却能够“鸿雁传书”，我要用这种形式来陪伴孩子成长。想到这里，我也拿起了笔……

成功启示 高质量的陪伴，胜过“朝夕相处”！改变观念，让一种新的陪伴方式助力我们母女一起成长。于是，一封封饱含着暖暖爱意的书信架起了我与孩子的“心桥”。

我会用书信介绍我支教生活的点点滴滴，让女儿了解另外一个世界的学习生活。我用自己的实际行动带动女儿，让女儿受到积极、有益的影响。我将自己在工作中的感受记录下来介绍给女儿；我用大山里的孩子们面对困难努力求学的精神激励女儿；我把下乡送教奉献爱心的故事讲给女儿，让她理解老师们的平凡与伟大；我还会告诉她无论生活发生怎样的变化，都要坦然接受，并且积极地去发现变化带来的美好。

我把这些美好描绘在彩纸上。我在绿色的纸上描绘洮河的春天；在粉色的纸上告诉她春天漫山遍野的桃花、杏花和梨花那随风而落的花瓣儿雨的样子；在黄色的纸上描绘黄土高原上曲折蜿蜒、连绵不断的群山；在蓝色的纸上我告诉她在黄土高坡的烽火台上，竟然神奇地看到了贝壳，我和女儿一起想象这里在数万年前一片汪洋的景象；哪怕是张白纸我也要描绘岳麓山上的白雪皑皑；我还会把在夜晚看到校园里操场上洒满月光的景象误认为是白霜的趣事讲给女儿，让她更加深刻地理解李白的“床前明月光；疑是地上霜……”就这样，我与她一起分享所见所闻……在我的带动下，女儿也向我描述家乡的美好，自己学习的收获，参加课外活动的趣事……有时候，我们在通信中会对某一个话题进行交流，我会积极引导孩子看清一些问题，领悟一些道理。

时间很快，虽然支教生活已过去了十几年，但是那一封封书信却带给我美好的回忆，记录了我和女儿一起成长的经历。这一封封书信告诉我们，“爱从不会缺席”；距离割不断我们的亲情；是这一封封书信告诉我们，什么是用心的陪伴。

现在，每当我面对许多家长与我谈起无暇陪伴孩子的时候，我都会与他们分享我的这段难忘的陪伴故事。

在孩子的成长过程中，父母起着不可替代的重要作用。我想，孩子的成长离不开父母的陪伴，家长不要把工作忙作为借口。有一个词叫“忙里偷闲”，只要用心，办法总是有的。距离不是问题，时间也不是问题，问题是家长的心在哪里。事业固然重要，但孩子的教育更重要，忙碌不能成为父母推卸责任的借口。那种陪在孩子跟前，却在一旁刷手机的行为，只能叫陪着。只有用心的陪伴，才是高质量的陪伴。因此，家长要改变观念，正确认识什么是真正的陪伴。

此时，我想和大家分享的是：

陪伴可以是家长专心做事，给孩子树立一种榜样示范；

陪伴可以是家长用心走进孩子的内心世界；

陪伴可以是及时抓住生活中的教育契机，作为交流的话题与孩子探讨，丰富孩子的内心世界；

陪伴可以是耐心、是尊重、是给孩子足够的安全感。

孩子还未长大，我们还未变老，让我们用心陪伴，相互成就，共度美好人生！

专家点睛

小树成长靠雨露，孩子需要多陪伴。参与成长不缺席，全心全意质量高。百年育得参天树，相互成就走人生。在生活中，有许多家长常常抱怨由于自己忙于工作，没有时间陪伴孩子。可是真与孩子在一起时，有的家长就忙着玩手机，有的则与孩子相互干扰，甚至发生不愉快或者冲突。究其原因，是家长思想观念的问题。家长高质量的陪伴不是去陪着，不是去应付，而是家长全身心的投入，是爱和情感的投入。它传递的是爱的能量，是成长的快乐，是用爱心、耐心和智慧无条件地接纳、信任、理解、尊重、肯定、支持孩子，与孩子一起同频共振。高质量的陪伴不仅是与时空同在，更是心的同在！

与“小蜗牛”同行

我们应当按照小孩子的年龄知识而予以适当的做事动机。

——中国现代幼儿教育的奠基人　陈鹤琴

故事放送

2020年，一场疫情迫使我停止了工作，回归家庭。与大多数人居家生活产生的焦虑不同，我是非常高兴的，因为我觉得这是个好机会，弥补我长久以来没有陪伴孩子的愧疚。一直以来，我总觉得自己是个不称职的妈妈。在孩子出生四个月的时候，我就回单位上班了，没有给孩子足够的陪伴，还常把工作中的压力和焦虑带回家发泄到孩子身上，这让我很内疚。因此，能够有一段时间完全陪伴在孩子身边，跟她一起学习，一起成长，我觉得很幸福。尤其孩子目前正是小学阶段，是学习打基础的关键时刻，更需要我的陪伴。

但是，随着时间的推移，我发现，我和孩子居家在一起的时间多了，关系却变复杂了。一方面，在生活中，不管我俩在一起干啥，都是高兴着开始，生气着结束；另一方面，在学习上，她总是拖拖拉拉的。上网课时，她一会儿去趟厕所，一会儿站起来喝口水，就是坐不下来。而且总是催她多次才肯去写作业，写的时候也很磨蹭。写完作业，我给她检查，讲错题，她也总是懵懵懂懂。每当这时，我压抑的火一下子就爆发了，每次都是她哭着收场。每次我都苦口婆心，晓之以理，动之以情，而过了没有一秒钟，她又恢复了之前的状态。任凭我怎么说，她也是一点都没有改变。

我迷茫了，不知道该怎么办。我是第一次当妈妈，当家长。我该怎么办？我要学我的爸爸妈妈用严厉的方法教育孩子吗？内心里我是拒绝的。我一直觉得自己是专制型家庭教育的受害者，保守、没自信、无主见、思维僵化。我想给我的孩子一个优质的原生家庭，怎么样才能让她有健全的人格，幸福的人生呢？我该怎么教育她？我该怎么做家长？我就像在迷雾里，找不到正确的方向。我也曾想买那些如何做好爸爸、做好妈妈的书，借鉴他们的经验，可是，我又怕那些“药”治不了我的“病”，还会让我“病”得更重。

静思感悟

就在我迷茫的时候，好朋友通过微信向我介绍了“智慧家长”系列微课。一句“家长好好学习，孩子天天向上”深深地触动了我。就像在迷雾中，突然有人跟我说了一句：“跟我走，在这边！”我突然间找到了正确的方向。我知道这里就是我“治病”的地方，“药到病除”只是时间的问题。

我找到了方向，如饥似渴地聆听专家老师的公益微课。我的目标就是经过系统的培训学习后，增长自己的知识、纠正自己的观念，进而帮助自己在教育孩子的道路上走得正确而坚定。而且，如果能在自己的能力范围内帮助到其他家长，那就更是我的荣幸了。

学习让我第一次认识到，长久以来自己一直以家长、过来人的身份，指导孩子的生活和学习。我以为家长的经验可以直接给她，她接受就可以了，这会使她少走很多弯路。现在我认识到我错了。这十年来，我替她做得太多了，没有给她更多的参与机会和选择权利。这是对孩子的不尊重，既不尊重孩子的成长规律，也不尊重她的权利，而现在我又挑剔她什么都不会！

“放手不撒手”是“智慧家长”课程给我最深刻的启示。在之前的家庭生活中，我以为我的教育已经很民主、很人性化了。可是当我学习了家庭教育知识以后，我才发现，我好无知，我的教育观念出了问题。

在孩子1岁多的时候，我就开始让她自己洗脸、自己刷牙、自己穿衣服，我注意培养她的动手能力和独立性。看到这里，您是不是认为我做的是对的？我之前也是这么认为的。虽然我出发点很好，可是我在实施的过程中，只是生硬地命令，而缺乏对孩子的督促和有效的陪伴，没有在她学习新技能的时候给予及时的引导。我把诸如洗脸这些事丢给她，我总觉得，她能在一定的时间里，通过自己的探索掌握怎么洗好脸。可是，结果怎么样呢？在学习新事物的时期，我没有引导她、督促她，使她爱玩的天性占了上风，所以直到现在，她洗脸时还是在不由自主地玩水，而洗脸只是简单地用手抹几把就完事了。之前，我总觉得是孩子不虚心，我教的方法她都记不住，甚至有时候明明知道我是怎么教的，她还是做不好。我就以为她是故意的，无数次对她大吼大叫，说得孩子瞠目结舌。现在我知道了，我自认为的“放手”让孩子自己成长，其实是我自己“撒手”不管了。在孩子成长过程中，在放手的时候没有给予引导和支持，直接造成了“撒手”的结果。这再一次印证了一句话：孩子的问题其实是家长的问题，家长的问题就是自我成长的问题。

陈鹤琴老师在《家庭教育与父母教育》一书里说：“一个人假使养成了一种良好习惯的话，他将得到很多益处，一生都受用不尽。假使习惯不好的话，那么将使他一生蒙受害处。”

我通过不断的学习，慢慢成长，认识到要改变我的教育方式，变“撒手”为“放手”，给予孩子正确的督促和引导，改变我和孩子的现状。我决定尊重规律，从简单的生活习惯入手。

成功启示

下了决定以后，我和孩子一起做了一个简单的计划。每晚10点之前必须睡觉，至少是要躺到床上。每天晚上必须进行洗漱，包括洗脸、刷牙、洗脚、洗屁屁、洗袜子和洗内裤这几项。说起来惭愧，之前孩子这几点一直做得不好，每次都是我催促几遍才去做，等到睡觉的时候基本都11点了。如果没有在规定的10点之前完成这些项目，则一个项目扣款10元。

计划定好，我和孩子一起做，一起接受对方的监督。一开始的几天里，孩子对于洗漱项目坚持得不太好，也会因为晚一点被扣款，有时候她会有些抱怨。但是看着我和她一起洗脚，一起洗袜子，尽管她有些抱怨，但还是坚持每天做完规定的项目。等到第二个星期的时候，她已经不用我提醒洗漱项目了，洗完以后还能自己把地拖干净。第三个星期的时候，她对扣款这件事提出意见，表示自己比较反感，还询问扣款将来如何利用。我对她的回应是，我也觉得扣款这样的形式不太好，但是我想不到更好的督促方式。我希望她能提出更合适的督促方式，以及如何利用扣款。我俩交换意见后，很快调整了实施方案。

这个计划实施一个半月后，我欣喜地看到了她的变化。她能自己主动去洗漱，并能保质保量地把洗漱项目做好。在这个过程中我们没有了争吵，我只会偶尔提醒一下。也许，对于其他人这些事简直不值一提，但我对这个结果还是满意的。我给自己这种新的教育方式打80分。这件事让我不得不感叹知识的力量，是观念的转变让我们进步，让我们改变了自己，也改变了彼此之间的关系。我坚信一切都会进入良性循环的。

在这个放手、督促的过程中，我还能不定期地收获小惊喜呢。比如，我们一起洗过几次衣服后，她会对我说："妈妈，现在我知道你一天有多累了。"比如，在她洗完澡后，会把我和她的拖鞋直立靠墙放好，地面也擦得干干净净。比如，睡觉的时候，她会把自己的鞋子整齐地放在床边。

这是短短的两个月以来，我的改变带动了孩子的改变。虽然这些进步相对于这个年龄的孩子来说不算什么，但是因为之前我没有尊重孩子的发展规律，让她在应该接受督促陪伴的年纪错失了这些。现在，在我的引导和陪伴下，女儿有了很大的进步，我十分欣慰。

正确的家庭教育理念给了我支持，专家老师们给了我正确的引导。我要继续践行这些理念，希望有一天，我能把这些知识带给其他迷茫中的家长！

带着正确的思想观念牵着蜗牛去散步吧！感受自然的美好，感谢蜗牛给我们经历成长的机会！

专家点睛 这位家长的故事就如同一个“小蜗牛”成长记。我们看到了这个妈妈的成长，其中的关键是真正的观念上的转变。孩子的行为之所以会让我们怒火中烧，是因为在父母眼中他们的行为出现了偏差。而事实上，他们有些行为是正常的，只是不符合父母的要求而已。正如教育家陈鹤琴所说，想改变孩子，改变我们的现状，我们得先改变自己。我们不应该一味要求孩子，而没有考虑孩子内心真实的感受。如果家长们站在孩子的角度和所处的成长阶段，倾听孩子内心的声音，使用孩子可以理解和接受的方式，帮助孩子分析问题、辨别对错，就能发现惊喜悄然而至。接纳孩子，就是接纳不完美的自己。所以家长一定要好好学习，认识到自身的问题，尊重孩子，用心引导，有效沟通，做到“尊重规律”“放手不撒手”，耐心地陪伴孩子一起幸福成长。

牵手姊妹花

教育孩子的全部秘密在于相信孩子和解放孩子。

——中国人民教育家　陶行知

故事放送

我是两个孩子的妈妈，大女儿8岁，小女儿4岁。从老二一出生，我就和她爸为了孩子的教育问题经常讨论。她们俩只相差四岁，在外面时，两个女儿之间的相处还好，可是一回到家俩人就不一样了，总是为一点小事吵架。我也总说姐姐要让着妹妹，姐姐很不高兴，还经常训斥妹妹，并为一些小事哭闹，总觉得不公平，常常气哼哼地抱怨着："凭什么总是要我让着妹妹？"

记得有一次，我外出开会，有一周的时间不在家。开会学习的时候，我天天都不放心。每天晚上我都要和爱人和孩子们视频通话。在视频中发现俩人也没什么，妹妹也没给姐姐告状。我不放心就悄悄问她爸爸："是不是怕我担心，提前给孩子说了什么，有事也不告诉我？"结果我被爱人说了一顿，说我想得太多了。还说我不在家期间，这姐俩相处还真不错，在一起很愉快。我在忐忑不安中终于完成了一周的学习。为了补偿一下两个孩子，我在学习之余给她们买了许多当地特产和好玩的东西。

返程的路上，我一直在假想着和俩宝贝女儿见面的欢乐场景。我在火车上把买的好吃的和精心挑选的小礼物，根据她俩的年龄特点以及平时喜欢的颜色等提前分装好。想着把东西给姐妹俩时，孩子们脸上兴奋的表情时，笑意一次次洋溢在我的脸上。可谁曾想，到家后没过半小时，就听见拿到礼物的俩人不停的哭闹声。只见妹妹抱着东西，哭着跑出来说姐姐扔了她的东西，而姐姐则紧追出来还恶狠狠地说："看你再抢。再抢，我还打你！"原来妹妹喜欢姐姐的东西，就想抢过来，争执中把东西摔到了地上。这下姐姐不干了，把妹妹的东西抢过来也摔在了地上，还打了妹妹。满心欢喜的我刚想歇一下，就被这一场面弄懵了。我不停地劝着两个孩子，但是没啥效果，孩子们一直在哭闹。我也生气了，就说了姐姐。姐姐瞪着我说："你眼中整天就是妹妹，我讨厌她，自从有了她，什么都不一样了……"说着，跑进屋里锁上门，任凭我怎么劝都不开门。

面对这一切，我也束手无策，老大平时很乖，学校老师也夸她懂事有礼貌。可一回家，就经常与妹妹发生冲突，这究竟是咋回事？她在外面也总护着妹妹呀？面对两个孩子，我真有些焦头烂额了。我究竟该怎样做呢？

静思感悟

起初我怎么也找不到原因，我平时总是教育姐姐让着妹妹，同时也让妹妹听姐姐的话。这难道错了吗？为何问题总是不能得到很好解决，而且出现的问题倒是越来越多呢？

在一次与老师的沟通中，我终于发现其实问题不在孩子，而是出在我的身上。我太需要学习了。于是，我学习了"智慧家长"课程，发现原来是我的观念出了偏差。

《战国策·触龙说赵太后》中有一句名言："父母之爱子，则为之计深远。"也就是说，深谋远虑的父母爱孩子应该有度，要注意教育他们敢于面对生活的挑战。家长要关注孩子的心理和行为，这样才能让孩子走得更远。有了二宝后，我还是沿袭传统观念，认为老大从生理和心理上都比较成熟，就要谦让小孩子。这无形中就让老大感到自己缺爱了，感到爸爸妈妈不再爱自己了。当我们夫妻二人的重心倾向于老二的时候，老二得到了更多的关照，这使她产生了以自我为中心的心理。家庭中爱的天平失衡了，产生了不和谐的因素。而且作为家长的我总是带着这种观念告诉孩子如何去做，忽视了在我面前的是两个独立的个体。我一直在不停地指挥来指挥去，而这似乎正是问题的所在。我让姐姐处处谦让妹妹，这样会引起姐姐的反感："凭什么我来让，没有妹妹时都是我的。"她心理会不平衡并容易将这种情绪转至妹妹身上。妹妹总是这样被让着，自然也会习以为常了，容易出现娇宠。

在与老师的沟通中，我逐渐学会了转变观念处理问题。原来，当家中有两个孩子之后，我比较焦虑，总是会过分紧张。我按照专家老师说的，逐渐学会放下一些焦虑。当我转变了观念，不再过分关注一些细节时，我也就不再紧张了。当我不再用传统的观念去要求她们的时候，我诧异地发现姐妹间的感情竟然好了很多。姐姐会照顾妹妹，自己主动让着妹妹，并告诉我，爸妈不要求自己时，自己心里舒服多了，反倒觉得自己就应该保护妹妹。姐姐谦让了妹妹，妹妹告状少了，也不那么跋扈了。

原来，是家长的错误观念造成了两个孩子之间的矛盾。当家长形成平等意识，积极营造和谐的家庭氛围的时候，两个孩子之间的相处也可以越来越融洽。

成功启示

现在，每当看到姐妹俩嬉笑打闹之时，我也在一旁跟着逗一逗，不再担心，不再指责。我们一起玩耍嬉戏，家庭氛围更加和谐愉快了。我也学会了引导孩子们积极合作解决问题，而不是去争执与冲突。平时，我经常带孩子们玩一些小游戏。比如，我们仨一起分角色读绘本，一起合作表演情景剧，等等。遇到问题时，多思考一些解决方式（比如"石头、剪刀、布"之类的方式），既消除紧张气氛，还可以让孩子们灵活应对一些事情。我们的感情也越来越好啦！

我总结的几点体会如下。

①家长要有平等意识，把每一个孩子都看作一个独立的个体，意识到每一个孩子都是平等的。

②尽量与孩子一起探索答案，包括如何分配，也可以让孩子自己定。孩子之间商量着进行分配，商量好由谁来执行。

③在妹妹面前要树立姐姐的威信，尽量让姐姐说如何处理。赋予了姐姐权利后，姐姐倒不好意思争抢了。这样一来，我经常表扬姐姐，妹妹自然很喜欢姐姐，觉得姐姐很棒，也能和姐姐更好地相处。

④积极营造良好的家庭氛围，给孩子们充分的时间与空间在一起活动，有效地锻炼孩子独立面对社会的能力。

⑤打打闹闹是孩子的天性，她们会在争吵中学会成长，增长智慧，从而学会处理问题。家长要冷静对待孩子间的冲突，不要过于紧张，相信孩子有能力解决问题，引导孩子用孩子的处理方式，去处理他们之间的问题。家长的过多参与，会让孩子之间简单的事情复杂化，进而导致彼此的心理都会不平衡。其实，孩子学会动脑筋独立处理问题，有助于他们在成长道路上积累经验。

专家点睛

对于二孩儿家庭，许多家长总是被担心、焦虑所困扰，而过多地参与到孩子们的冲突之中。由于以往的观念，家长总是抱着所谓的“公平之心”，去处理他们之间的矛盾，结果适得其反，带来了更多的烦恼。其实无法平衡的爱也是一种成长体验。这就需要家长认真学习，转变观念，尊重每一个孩子，他们都是独立的个体。让老大参与到照顾老二的过程中并及时鼓励，并且相信他们有能力处理好矛盾和冲突，让两个孩子可以在相互分享、相互学习、相互合作中茁壮成长。

小淘气爱臭美

美育者，应用美学之理论于教育，以陶冶感情为目的者也。

——中国近代教育家　蔡元培

故事放送

女儿上幼儿园大班的时候，我就把她从奶奶家接到自己家来了。每天上班、带孩子，做家务总是搞得忙忙碌碌的。

一个周末的早上，我在家里做卫生。忽然，随着扫帚的移动，从女儿的小床下轱辘出来一个金光闪闪的东西。我捡起一看，咦？这不是我的戒指吗？它不是一直在盒子里吗？怎么会跑到这里了？我一边疑惑地凝视着手里的戒指，一边问孩子爸爸：“真是奇怪了，难道这只戒指自己长腿儿了，跑床底下来了？”身旁的女儿却搭腔了：“妈妈，是我不小心弄的，它掉到床铺下了，拿不出来了，我也不敢和您说。”“你这个小淘气，拿这个有什么好玩的？”经过我的询问，才知道事情原来是这样的。不怎么喜欢戴首饰的我，在收拾屋子时把结婚戒指放在盒子里，一忙便忘记把盒子收起来，随手放桌子上了。谁想，就在我出门买菜的时候，女儿看到了盒子，就打开盒子把戒指戴到了手指上，还穿上我的高跟鞋，在屋里甩着手，学着大人的样子洋洋得意地走来走去。谁想，套在她细小的手指上的戒指被她一甩，结果就被甩到了床底下。直到周末，我收拾屋子才发现这个小淘气的举动。我真是觉得又好气又好笑，气的是差点丢掉这么珍贵的结婚戒指，笑的是女儿天真的举动。我问女儿:“你为什么要这么做?”女儿说:“我觉得很有趣呀,有许多阿姨不都是这样吗? 穿上这么高的鞋,走起路来,嗒嗒嗒的,多好玩呀? 手上戴上这个亮亮的小圈圈不是也很好看吗?……”

当我把女儿这滑稽可爱的趣事分享给一位专家老师的时候,老师语重心长地说道:“教育孩子一定要抓住孩子的每一个关键期。虽说爱美之心人皆有之,但孩子进入审美敏感期,家长一定要做好有效引导。”

老师还告诉我,孩子出现了所谓的“臭美”行为,父母千万不要紧张,要以尊重和理解孩子为原则,抓住孩子的审美敏感期这个教育契机,帮助孩子树立正确的审美观。

听了老师的话,我不禁自责起来,看到孩子的行为举止,只是觉得可笑,而没有引发自己的思考。如果错失了教育孩子的良机,孩子怎么能在探索未知世界的过程中获得成长呢?

于是,我又重新拿起了关于家庭教育的书籍,重新走进“智慧家长课堂”。

那什么是审美敏感期呢？带着这个问题，我查阅了资料。原来“审美敏感期”是指发生于2.5~5岁之间孩子的审美行为取向，这个时期的孩子对自己的形象有了自己的愿望和审美标准。尤其是女孩子，她们对自己的衣着和服饰会产生浓厚的兴趣。看到这里，我忽然想起来，难怪前一段时间，女儿在去幼儿园之前，非要按照自己的意愿穿衣服，还不停地照镜子。作为妈妈，对于女儿小小的举动，也要细心观察呀！

在学习中，我知道了家长在孩子成长中的重要性。哪怕是孩子一个小小的举动，家长都要用心思考，也许这就是一个需要关注的问题。静下心来，反思自己的教育行为。自己需要学习的地方真是太多了。因此，家长在教育孩子的过程中，一定要端正教育理念，正确认识孩子的每一个细微的变化。在这个过程中，只有家长不断地成长，积极地给孩子做好示范引领，引导孩子学会探索，孩子才会不断成长。

成功启示 正是关注了问题，认真地反思，树立了正确的理念，才得以正确教育孩子。女儿至今也是一直遵守穿衣端庄文雅、稳重大方、有气质的原则。她不仅打扮得得体优雅、做事有主见有自信，还把自己的生活打理得很有品味，甚至艺术修养也得到了提升。最重要的是她收获了更高的自我认同感和自我价值感。我想，这些都是对美的追求滋养了她的精神气质吧。

下面与大家分享陪伴女儿成长的一些做法与启示。

（1）家长要起到榜样的作用。

孩子在审美敏感期发生一些行为的时候，家长既不要忽视，也不要大惊小怪，或者不知道如何引导。家长一定要细心观察，在孩子“臭美”挑衣服的时候，既不要生硬地批评指责，也不要嘲笑挖苦，说不当的语言打击孩子。

家长要做到穿衣打扮不怪异，大方得体符合身份，给孩子做好榜样。生活中有的家长到学校参加家长会的时候，穿着拖鞋或背心，孩子觉得很丢面子，但家长却浑然不知。有的家长给孩子弄怪发型，或者穿得很怪异。家长觉得很时髦，其实孩子活动起来既不方便，也会带来安全隐患，还会在同学们面前感到很丢脸。家长一定要以身作则，注意此方面的引导。

（2）引导孩子去观察、去思考。

我会带着孩子去观察周围人的穿着打扮。我还会给女儿买一些书籍、影碟等，让她通过书籍和电视发现生活中的“美”。在观察的同时，我们一起交流分享什么样的穿着是得体的，什么样的穿着是不符合身份的。作为一名学生，怎样的外表才是学生的样子。

我带孩子去参观周邓纪念馆时，在“正衣冠”的镜子面前给她讲南开中学利用“镜箴”对学生进行仪表形象教育的故事。我告诉她，在天津南开中学的入口处，立着一面醒目的大镜子，镜子上方篆刻着南开学校创始人之一严修书写的“容止格言”:“面必净，发必理。衣必整，钮必结。头容正，肩容平。胸容宽，背容直。气质勿傲勿暴勿怠，颜色宜和宜静宜庄。”这样潜移默化的教育，让每一个进入校门的学生知道要自查形象：不仅仅要有良好的面貌，还要有良好的精神状态。当拥有良好形象的学生走进校园的时候，他的心态就会很平和，也会很好地待人处事。这样，他就会渐渐地提升自己的气质和道德涵养，做一个真正美的人。谦逊稳重、勤奋好学的南开学子成为校园中一道亮丽的风景线。后来，在我潜移默化的影响下，女儿也加入了那条亮丽的风景线，成为一名令人骄傲的南开学子。

就像法国哲学家伏尔泰说的，外在的美只能取悦人的眼睛，而内在美却能感染人的灵魂。这样的教育才能培养孩子具备较高层次的审美意识，孩子才会在富有个性的审美中逐渐建立起自尊与自信。

（3）在尊重中提高孩子的能力。

作为家长要尊重孩子的审美需求，尊重孩子选择的权利，培养孩子健康的审美情趣。妈妈可以通过在家中带着孩子一起做游戏的方式来引导孩子树立良好的审美观念。女儿在做给娃娃穿衣服游戏的时候，我一边带着孩子玩，一边引导孩子思考如何给娃娃穿上不同风格的衣裳。孩子在游戏的过程中，知道了娃娃穿上运动衣去打球，穿上公主裙表演节目，穿上围裙做家务……在这个过程中，孩子还学会了衣服的颜色、款式的搭配，知道不同场合的合适穿戴。在母女亲子交流中，很好地提高了孩子的思考能力、语言表达能力以及审美能力。

（4）让孩子懂得欣赏美，体验成长的美好。

我在与孩子的交流互动中得到了启示：家长要和孩子分享交流，为什么选择这样的穿戴？家长对孩子的一些正确的想法要给予及时的肯定，增加孩子的自信。对于孩子不妥的做法，巧妙地给予引导和建议。比如，哪些场合适合穿什么样的衣服；上体育课时穿裙子不方便；出门是不能穿拖鞋的，夏天再热出门也不能穿吊带裙，这样不美观；穿睡衣是不能上街的，这样没有教养；男孩子穿着举止要绅士，女孩子要淑女。这样交流后，孩子不仅学会了思考，还提高了自主思考能力和辨别能力。

生活即教育。家长要善于抓住教育契机，带孩子到大自然中感受自然之美；去参观古今建筑，感受建筑设计之美；吟诵唐诗宋词，感受中华文化的博大精深；在优美的旋律中，欣赏音乐之美；在浓墨重彩中，感受绘画之美；在服饰展示中，了解华夏服饰文化；在舌尖上，感受饮食文化……孩子们在美好的事物与美好的景象中，慢慢地提升了审美品位和自己的内涵修养。真希望每一个孩子都能内外兼修，成就生命的精彩。

专家点睛

家庭教育无小事，这极其需要家长的细心观察、用心思考和耐心引领。教育哪里来，教育就在每天的衣食住行中。哪怕孩子一个不经意的举动，家长都要思考背后的原因以及自己的教育策略。文章中的妈妈看到孩子的小小的举动感到很好笑，可是在有教育经验的老师眼里，就是一个很好的教育契机。正是这个关键时期的审美教育，使得正确的世界观、人生观、价值观和道德品质在孩子心中扎根。也只有这样，才能帮助孩子系好人生的第一粒扣子。

不要轻易"贴标签"

一个孩子能否成为天才，能否变得更加优秀，取决于家长和老师的关爱和期望，家长的鼓励越多，孩子也会更加自信，从而变得更加优秀。

——美国著名心理学家　罗森塔尔

故事放送

积极的心理暗示，犹如润物无声的细雨，滋润着孩子稚嫩的心灵，助力孩子健康成长、快乐前行！

女儿5岁那年发生的一幕至今还定格在我的脑海中。

那是一个周末的早上，我们全家正在吃早餐。门外突然响起"咚！咚！咚！"急促的敲门声。活泼可爱的女儿连忙从她的小椅子上跳下来，兴冲冲地向大门颠颠地跑过去。奶奶紧随其后大声喊道："别怕！"只见刚才还咧着嘴笑的女儿，立刻做害怕状，往后退。全然没有了刚才那种兴奋的样子，好像被那敲门声吓坏了。奶奶一把搂住了女儿把她揽在怀里，而后才去开门。女儿就一直乖乖地偎依在奶奶的怀里。

开门后，原来是邻居王奶奶带着小孙女来串门。邻居家小姑娘进来后活蹦乱跳。王奶奶不停地说："哎呦喂，我的小祖宗，老实点。"转身对我家孩子奶奶说："我的宝贝太不听话了，一大早就非要上您家找小妹妹玩儿。"孩子的奶奶接过话来说："啊，我家孙女也是……"接下来，我的耳边就传来两位老人你一句我一句地对话："我家孙女……"

孩子奶奶的作法我觉得是有问题的，孩子起初是很高兴而不知道害怕的，可是奶奶那紧张的语气，在不经意间向孩子传达了门外的声音是很可怕的暗示，增加了孩子的紧张感。5 岁的小姑娘竟然很配合地表现出紧张害怕的样子。当然，为了安全起见，不让孩子贸然去开门是正确的，但是造成紧张的状态，给孩子带来了消极的暗示却是个问题。接下来两位老人对话中，每一句都是："我家孙女……"不停地在给孩子贴着标签，这不也是在消极的暗示吗？

接连几天，我的眼前都会浮现出这个镜头。如何解决这个问题呢？

静思感悟

我带着问题请教了家庭教育方面的专家老师，交流了自己的感受。而后又进一步地读书学习，有了自己深刻的认识。原来，"心理暗示"在《心理学大词典》上是这样描述的："用含蓄、间接的方式，对别人的心理或行为产生影响。暗示作用往往会使别人不自觉地按照一定的方式行动，或者不加批判地接受一定的意见或信念。"心理学家告诉我们：父母若以正面的信念期望孩子能成为什么样的人，将来孩子就会成为什么样的人。父母对孩子的期待与评价经常会在言语及日常生活中有意无意地显现出来。

积极的、正面的期待会使孩子感受到爱与支持，生发出内在的力量，从而充满自信，积极乐观；与此相反，负面的、消极的评价会使孩子失去信心与发展机会。可见，积极的暗示对于培养孩子规范的举止、优良的品格、良好的习惯具有很重要的意义。

负面的、消极的暗示是我们在生活中经常犯的错误。特别是当孩子犯错的时候，我们作为家长不停地责备唠叨，结果并没有如家长所愿，倒是起了反作用。因此，作为家长的我们要化负面为正面，变消极为积极。用积极的心理暗示去影响孩子，让孩子更自信地去面对未来。进行积极暗示的前提就是家长观念的改变。家长在亲子关系中应该用赏识与激励给孩子以正向暗示，向孩子传递正能量，激发孩子的自信，使孩子获得内在的动力，这样孩子才能能量满满，积极向上。

成功启示

我把自己学习到的内容与家人进行了沟通。我告诉家人法国有句谚语说：“自以为是鼠辈的人定被他人轻视、欺侮。”可见，“心理暗示”给人带来的影响是巨大的。于是，我们一起转变观念，以积极的、正面的状态暗示女儿，不说负面的话。我们全家有个有趣的约定：谁也不许把负面的暗示投向孩子。家庭成员之间相互提醒、相互约束。久而久之，孩子好像被一种无比巨大的力量推动着，在自信中一步步向更高的人生台阶迈进。

下面我与大家汇报一下我的一点儿成长感受。

（1）不给孩子贴标签。

每当有朋友谈论起关于孩子的事情，大家好像有说不完的话：孩子如何如何偏科；我家孩子学习数学就是不行，他就没有那聪明的大脑；我家闺女最不愿意背单词了；我儿子就知道吃；我儿子除了学习，都特别好……好像孩子已经在这些家长的嘴里定性了。

女儿告诉我，同学们在课下议论自己哪一门功课好时，女儿觉得自己数学不行。我当时就肯定地回答，我一直坚信你的数学很好呀！你看，我们在一起学习思维训练题的时候，你做题挺好的，尤其是一些难题。你的数学成绩在班里也是名列前茅的。你能积极参加学校的“数学周”活动，在年级的数学知识竞赛中还获得“数学小王子”的称号啦！这一切都表明，你可不是一个偏科的孩子。你能行，你一定行的！

带着这种积极暗示，女儿更加自信地投入后续的学习。

值得一提的是，多元智能测试的结果进一步证实了积极暗示的力量。当我和女儿看到多元智能测试结果显示女儿的数学逻辑智能一项需要

“补”时，我俩相视一笑。积极暗示，重塑了女儿的自信，激发了其数学潜能，让女儿的数学好起来了。

（2）细节真爱积极助力。

家长要给孩子赞赏、肯定，哪怕是一个细微的动作，一个微笑的眼神，孩子都能感受到成功的喜悦，哪怕是遇到困难，也要给孩子鼓励、安慰，让孩子感受到家长的支持，从而获得信心与力量。可见，家长深情的积极暗示给孩子的影响是深远的。

女儿在大洋彼岸学习时，我们常常打趣道:“接能量的时候到了。”我们利用交流的机会努力通过暖暖的语气来助力女儿的成长，让女儿在那边感受到暖暖的、温柔又坚定的力量，让她得到父母的能量，从亲友团中获得勇气。

（3）积极肯定增信心。

当有朋友夸赞孩子的时候，不要为所谓的“谦虚”而否定孩子，这往往会给孩子造成消极的暗示。家长可以带着孩子对夸赞者表示感谢，并表明自己今后还要继续努力的决心。遇到朋友在夸奖孩子的同时贬低自己孩子的情况，我们一定要鼓励朋友看到自己孩子的潜能，增强他们的信心，鼓励他们积极地看待可爱的孩子。

（4）家长做好榜样。

家长是孩子的第一任老师。家长的言行举止都在无形中给孩子一定的暗示。因此，家长一定要给孩子树立榜样，给予孩子积极的暗示。记得在暑期三伏天里，我带着女儿在路灯下一边乘凉，一边背诵经典诗词。不是只要求女儿背，我也背诵，我们俩人互相检查背诵。三九天里，我会忘记严寒与孩子一起攻破难题。她去老师家学习朗诵，我就坐在楼道里一边等候，一边读书。女儿初中毕业，我也正在准备职称考试。每天下班后，我们简单吃完晚饭，就一起进入学习时间，我常常学习到深夜。当我把 120

首古诗词背诵下来的时候，女儿给我鼓劲儿喝彩，同时更加坚定了参加中考的信心。最后，当然是我和女儿一起顺利地通过严格的考试，女儿升入理想高中，我也顺利通过考试取得高级教师职称。

（5）给孩子积极的、正面的期待。

有的家长听到孩子说自己梦想做科学家的时候，会嘲笑孩子：“就你那样，不好好学习，吊儿郎当的还当科学家，能找个好工作就不错了。”孩子就会因此而丧失信心，失去了前进的动力。

记得有一次，我带孩子去照相馆拍写真，孩子非常喜欢那套博士服。于是，特意加了一套博士服的特写。我常常端详着那张照片说：“我家的小博士多棒呀！”女儿好像一直在努力朝着我们期待的方向前进。现在她终于穿上了真正的博士服。在剑桥大学的开学典礼上，她特意给我们发来她身穿博士服在国王学院前的留影……

只有智慧的、积极的家长，才会与孩子一起拥抱阳光灿烂的世界。我愿与女儿一起修行，继续走好成长之路。

专家点睛

现实生活中，有的家长看到孩子出现一些问题的时候，总是在带着我为你好的心态去责备或者抱怨孩子。于是，说出的话也是让孩子非常反感的，随之出现孩子与家长的对抗。这就是家长错误的家庭教育观念在作祟，观念的差异造就了不同的语言表达方式。如果家长能在正确的教育观念下，用赏识与激励正向暗示孩子，给孩子传递正能量，激发孩子的自信，孩子就会获得内在的动力，能量满满，积极向上。

PART 2

改变自己是首位

家庭生活难免会有磕磕碰碰。幸福的家庭也不是十全十美的。幸福的家庭是善于直面问题、解决问题的。每个孩子在成长的过程中,难免会犯错误、出问题。当问题出现的时候,家长不要焦虑害怕,不要指责抱怨。正因为有问题,孩子才有成长的空间。这其实是给我们家长的一个信号,是在提示家长需要及时发现自己的不足,不断修正自己。孩子们在用出问题的方式鞭策家长科学地认识家庭教育,重新学会爱、学会成长。家长应该感谢这些问题的出现,感谢孩子的成长。改变从什么时候开始都不晚,与其安于现状焦虑痛苦,不如改变自己重获幸福。家长要勇敢地直面问题、直面自己,用科学的家庭教育知识武装自己,知行合一,积极行动起来,学会做智慧家长,成为孩子走向优秀的原动力,培养出优秀的孩子。

教育孩子从书本到实践

动人以言者，其感不深；动人以行者，其应必速。

——中国唐朝政治家　陆贽

故事放送

古人云："欲施教于人，必先正其身。"父母在教育孩子的同时，要先进行自我教育，率先做出自我改变。家长做对了，孩子才优秀。

儿子出生后，我又多了一个身份——妈妈。我既有面对一个新生命的喜悦，又有初为人母的不知所措。

随着儿子的到来，家庭矛盾日益显露。自己肩上的担子越来越重，另一半却还像个大男孩儿，天真无比。我心中的怨气越来越多，真的要成为传说中的"怨妇"吗？这可不是我想要的生活啊！于是，我就向书本学习。

单纯书本理论的学习又让我产生了新的困扰。自己越来越挑剔了，特别是爱人对孩子的管教方式，令我大为恼火。所有这些迫使我停下来。难道自己的路走偏了吗？

在跌跌撞撞、磕磕碰碰中，我的儿子小学六年级了。随着小升初的到来，孩子的学习压力激增。我们一家三口的情绪就只能用跌宕起伏来形容了，家庭大战随时爆发。

我爱人认为"成绩大于一切"，而我坚持"心态重要，状态很关键"等等。我拿着书本让他看，他看都不看，还说我这些理论都是虚的、飘的，还扬言未来不用我管孩子了，我只需要配合他。听他的这些话，我真是气不打一处来。

哇！真是天助我也，六年级家长学校开始了。这次学校专门为六年级的家长请来了家庭教育专家。我决定这次让爱人去听一下专家的意见。

接下来，神奇的事情竟然发生了。爱人有史以来第一次“出席”了儿子的家长会。回到家，他异常兴奋地告诉我，原来还有家庭教育的课程，自己从来没想过家庭教育还用上课。一直都认为“棍棒底下出孝子”的他，这一次彻底低下了头。爱人的认知系统完全被专家“漂洗”了。他竟然主动要求“下岗”了！

“看看，男人的领悟力就是强！短短一次课比我学习十几年都有效果！”此时的我，赶快把无数称赞奉上。我的夸奖真的起了作用，在他脸上看到了平时少见的灿烂笑容。

再后来，就是我家接二连三的变化了。

听说市里有专门的家庭教育指导课程——特色“智慧家长课堂”。于是，我“召开”了一次家庭会议，宣布“过段时间我要出去学习了”。父子俩瞪大了双眼问：“去哪儿学？学什么？学多长时间？……”真是一连串的问号。“别那么紧张，只是利用周末时间，去市里学习家庭教育。”不出我所料，儿子第一个站出来反对。坐在一旁的爸爸则一言不发。我对他俩说道：“我是这么想的，咱们家爸爸的学习效率肯定是远远高于我的，所以我决定笨鸟先飞。”“你都知道你是笨鸟了，还不让我爸去？我爸本来就比您反应快，学习的效果肯定比您好，回来再教您，您这只笨鸟可以在家慢慢消化，再说了周末我复习英语还得用懂外语的笨鸟呢！爸，您说呢？”几乎是第一次听到儿子对他的肯定。老公犹豫了一下，说：“我再考虑考虑。”会议的结果朝着我希望的方向大步前进。

当天晚上，我们夫妻再次讨论起了学习家庭教育的事儿。老公真诚地对我说：“我是真的被你触动了。那天，我开完家长会回来，你那么兴奋，你的话我都记在心里了。以前是我的方向跑偏了，害得你跟我受累不讨好，这次我决心要去找专家学习。”老公的话让我如沐春风，心里那个暖哪！我俩已经很久没有这么心平气和地交流了。他接着说：“这些天我也反思了，以前我对儿子的教育方式是有问题的，该出去学习的是我。”爱人的真诚感动了我，我的眼泪夺眶而出。这感动有自豪、有喜悦、有温暖。同时，我深深地感受到爱人学习态度的坚定。

一个月后，爱人真的坐在了“智慧家长课堂”里。从我家到市里去学习的路途远，还要利用公休日的时间。这其中的辛苦肯定是少不了的，但爱人每次回家都兴奋地说收获远远大于辛苦。他还会兴致高昂地与我分享，甚至动员身边的朋友一起去学习。每一次，我都在一旁崇拜地倾听，认真地思索。这要是在原来，我指不定会打断他多少次呢！看到这么勤奋的老公，我真的是比看到儿子考一百分还高兴。

再后来，我也成了“智慧家长课堂”中的一员。我和爱人同时坐在教室里，自豪感油然而生。专家老师曾向我竖起大拇指，“你爱人可真棒，人好、热心”。我听了总是心里美滋滋的。

就这样，在不知不觉中，我们的生活就在学习后、转念间、行动中发生了改变。我的心不再纠结了，爱人的眉头舒展了，儿子不再逆反了，学习成绩渐渐提高了。我家里常常充满了欢声笑语。

静思感悟

周围的亲朋好友看到我儿子的学习成绩提高得这么快，都来向我询问从哪里请的这么好的老师？听到他们的问话，我大笑道：“哪里的老师？我俩就是最好的老师！”“什么？”

面对他们疑惑的目光，爱人更加坚定地说："对！父母就是最好的老师！"

太对了！爱人的话点醒了我！父母就是最好的老师。是我们家长的坚持学习，是我们家长观念的转变，是我们家长行动的改变，才使得我们的家、我们的孩子发生了巨大的变化啊！

深夜，我静静地思索着：原来理论与实践相结合才是最正确的。记得那次家长会，我表扬了爱人后，他脸上灿烂的笑容让我恍然大悟——原来这些年是我错了。我错了！错在太多地关注孩子，错在忽视身边这个男人的需要，更错在我的自以为是！男人需要的是肯定与鼓励，还有妻子的赞赏，原来书上看到过啊，我怎么学完就忘记呢？怎么就盯着他哪儿点不对来否定他呢？我险些扼杀了一个潜力无穷的好丈夫，险些陪葬了全家人的幸福！

以前的我总是抱着要改变爱人的心态，每一次聊天我们都不欢而散。我曾经以为我是对的。但是当我自己不去指责了，不埋怨了，爱人也不怨气冲天了。在爱人学习后与我分享时，要是在以前，我肯定会对他说，"书上写着了……看看专家说的是不是和我原来说的一样？你不听我的呀！"这一系列扎心不见血的话，就是在打击他的积极性。

其实，身边亲朋好友经常夸奖我爱人的那些话，让我总觉得不以为然。现在我越是仰视他，他越是高大。我终于明白了：赏识包容不仅仅适用于儿子，更适用于爱人。

经过系统的学习，我最大的收获是挖出了自己的问题。专家老师在"智慧家长课程"中讲道："一个人不会处理面对自己的问题时，就会对身边的人造成伤害。"这简直就是说我啊！我把小时候对原生家庭的不满投射到了爱人身上。我以前自学了一点原生家庭对人影响的观点后，就自作主张，把这个论点"成功"地用在了我爱人身上。他的哪些行为是原生家庭造成的，而且还要给他讲一讲。真是太可怕啦！我是大错特错啊！

值得庆幸的是，我们夫妻二人遇到了名师。在不断学习与反思中，我找到了问题产生的原因。道理想通了，之后就是行动了。在老师的鼓励下，我们结合我家的情况想办法，积极行动。夫妻关系融洽了，亲子关系也随之改善。我们面对孩子也不再批评指责、高标准严要求了，而是接纳和赏识孩子，给孩子高质量的陪伴。

我深深地感叹道，学习不是找别人的毛病，改变自己才是硬道理啊！

成功启示

现在，每当周围的亲戚朋友遇到家庭教育方面的困惑时，我就主动地拉爱人过来一起“分析支招”。在帮助别人的同时，我认识到，这也是在帮助自己！这让我更加深刻地认识到，原来看书学习是正确的，但是照本宣科不结合实际生活，就会带来烦恼。感谢生活让我得到了启示。

（1）转变观念，专注自己。

自己与自己的关系是一切关系的基础。事实上当我对爱人和孩子的期望越来越高时，就越对他们不满意，就特别想改造他们。而我越想改造他们，他们的反抗力就越强。这是个无限负循环啊！

当我放下了不切实际的期望，关注自己内心真正的需要，找到真正的自己在哪里，当下需求是什么时，“你为什么不这样？你为什么要那样？”这些句式似乎从我的脑海里淡化了。

（2）改变永远是自己。

当我不再向外追求，努力让自己的内心强大富足时，我感受到了放手后的轻松，而不是赌气撒手后的纠结。同时，我还需要用赏识包容的心态来面对自己！这样看来“孩子的逆反”则是上天给予我最好的礼物！

“君子求诸己，小人求诸人。”我愿意永远怀着一颗赏识包容的心，以实际行动努力迎接更加幸福的生活！

专家点睛

当今，有一些家长就如同这位妈妈，自以为很爱学习，拿起书本后就照本宣科，对着家人挑剔指责，振振有词。盲目地“照着书本养孩子”不仅仅给自己带来了烦恼，还造成了更多的家庭问题。可见，学习教育理念、教育知识的时候，不仅仅是凭着感觉，还要结合自己孩子的实际情况，更要带着辨析的理智，去实践这些理念和知识。要记住知行合一是前提，改变的永远是自己。

小改变大惊喜

孩子是家庭的一面镜子，想改变孩子，父母就要改变自己。

——英国著名教育家　斯宾塞

故事放送

初为人母时，我真的没做好心理准备，只觉得结婚、怀孕、生子是很自然的事情，从来都没有想过我应该怎样把这个鲜活的小生命培养大。虽然我会看一些育儿书籍，也会按书本的提示去培养女儿的习惯，但是总体来说，如何教育孩子对于我来讲是一片茫然的。我不知道怎样去教她，更不知道何为陪伴成长，当然也说不上任何引领了。

回想这些年走过的路，我简直是错得离谱啊！甚至可以说是我一直在用自己的小情绪来处理她的成长问题。

镜头回放一：情绪的压制。

闺女8岁那年，有一次我们俩去爬山，下山的时候都很疲惫。闺女想让我抱着，被我拒绝了。当时她就哭闹起来，一听她哭闹，本来就累得气喘吁吁的我更烦了，没有停止脚步，头也不回朝前走。于是，闺女就边走边闹，其间还夹杂着不耐烦的跺脚。不想，她的闹被我解读成了是对我的反抗，我竟向她大吼起来："你别和我犯脾气，你越是犯脾气我越是不管你！"

结果小可怜儿害怕了，委屈地啜泣着，自己走完了全程。

镜头回放二：性格的打造。

孩子小的时候，我总会将自己的想法强加到孩子的身上，总想让她按着我理想中的模样发展。

闺女从小就是一个外向性格的孩子，爱说爱笑，重要的是嗓门极高。而我自己和她正好相反，我自小就内向，安安静静、不吵不闹。用孩子姥姥的话说，我“特别沉稳”，我心里也一直喜欢淑女一点的、文静一点的女生。基于这些观点，我对闺女的活泼好动特别反感，甚至经常批评她、吼她，然后告诉她女孩应该怎样怎样。

那时候，我总把她和安静、内向的小女生作比较，总想让她效仿别人来达到我心目中完美女孩儿的标准。到后来结果当然是越比我越生气，越比我越讨厌她，以至于母女关系一直很紧张，孩子也由于达不到我的满意标准而时常感到灰心和无奈。

这些年，尽管我不遗余力地在往内向文静的路上打造她，即使不断地更正她，不断地批评她，可她现在的性格依然是开朗活泼的。我越想改变她，她越朝着反方向发展，我行我素。而且我们的亲子关系就在我的坚持下变得更加糟糕。

镜头回放三：青春的叛逆。

孩子上六年级的时候，青春期的脚步悄然而至。闺女由一个特别闹腾的人逐渐变得和家里人沟通越来越少了，学习成绩直线下降。当家里人都试图跟她沟通的时候，她竟然一言不发，不管家长怎么说教，她都无动于衷。那时，教育的无助感无时无刻不在折磨着我。

静思感悟

女儿渐渐成长，我却发现自己对她的管理已经到了“黔驴技穷”的境地。正因为这些无力与疼痛，让我开始想办法向外界求助。我开始了各种学习，一点点地接触到了家庭教育，慢慢转变了自己对孩子的看法。当我参加了“智慧家长课程”的学习后，我终于开悟了！我真正意识到自己在教育孩子中存在的错误思想：我总是把孩子当成大人，总是从大人的角度来衡量她，甚至有时候孩子犯错，都会认为她是故意的。

现在，学习后的我再回想起当初的那一幕幕，觉得自己好残忍，根本没有读懂孩子的心，根本没有体会到孩子的无助，更没有理解到疲惫给那么小的孩子带来的困难有多大，当然也没有及时给她鼓励及正面引导，反而因为她的哭闹让我觉得心烦而粗暴地压制了她。

现在，学习后的我才知道自己处理事情的随意化和情绪化。现在分析来看，我的处理方法太简单粗暴了，表面上好像让孩子感受了坚持，但没有用及时的情感交流去跟进。我应该用理解和鼓励的语言来让孩子真正了解什么叫“坚持”。在孩子真的“坚持”下来的时候，我应该充分地肯定她，让她感受到努力后的喜悦，然而这些我都没有做到。

现在，学习后的我认识到，女儿的性格开朗、活泼可爱不正是我所缺少的吗？我为什么要按照自己的意愿去改造孩子呢？我明白了，每个孩子都是这个世界上独一无二的生命，她不是为了迎合我而来的。即使我再努力改造她，她也依然还是她——一个独立的个体。

随着越来越深入的家庭教育学习，我慢慢地了解到孩子是发展中的人，他们的成长是分阶段的。我还知道了什么是儿童权利。儿童有发展权、生存权、受保护权和参与权。再联想到自己曾经对孩子的吼叫和不尊重，真的觉得自己好残忍，总是用我的高度和速度来衡量孩子，总是用我认为正确的方式来要求孩子，殊不知每个孩子都有属于他的个性和可塑性，他们都有别人不可替代的优点。我们要把孩子看成一个独立的个体，而不是我们的附属品。

孩子是发展中的人，儿童阶段是不可忽略和跨越的阶段，我们不能把孩子当大人看，而忽略孩子的需要，把大人的要求强加到孩子身上。

如果我早一点儿参加家庭教育的理论学习，早一点儿知道孩子成长的阶段性特点，也就能了解到这是孩子正常不过的成长阶段，我也就能静下心来，接纳和欣赏孩子的天真，耐心地陪她一起探索童年的成长过程。

现在，很幸运的是，我学习了家庭教育的方法和理论，明白了青春期是孩子自主意识的开始，说教和命令在这个年龄是绝对不起作用的，而且会适得其反。

原来需要改变的是我，而不是孩子啊！

成功启示

于是，我进行了如下改变。

（1）从说教变身教。

想让孩子怎么样，首先家长要先改变自己来引导孩子。比如我想让孩子认真地写作业，那么我就会在她写作业的时候安静地读书学习。

（2）从否定变肯定。

当我发现她选择的衣服不如我愿的时候，我就会想：她的时代有她的时代的流行款式和颜色，我不能用自己的眼光去评判孩子的想法和观念。当我静下心来观察和理解她的想法时，我反而觉得她在某些方面有着独到的眼光。

（3）从管教变放手。

以前孩子的衣食住行几乎由我一手包办。我觉得如果不管她，她就什么也不行。当我学会放手的时候，我发现孩子自己竟然学会了炒菜、做饭、洗衣、收拾家务，甚至参加夏令营并且能够带领自己的团队了。

（4）从唠叨变关爱。

前几天孩子考完试和同学去逛街，晚上回来得很晚，要是以前我肯定会大发雷霆，但是那天我没有。她进门后做好了一副要被唠叨的准备，而我却只表达了自己担心她安全的感受，并且给了她一个大大的拥抱。没想到这样做的效果比以前批评的效果还要好。从那以后她变得很有时间观念，再也没有很晚回家过。

（5）从主角变配角。

孩子是新世纪的主人，我们将不再是世界的主角，更不是孩子世界的主角。他们应该有自己独特的见解和思维模式，作为家长只需要在旁边欢呼助威。

（6）从命令变商量。

命令对于这个年龄的孩子来说已经不管用了，甚至有时候会拉开孩子和父母之间的距离，造成孩子的叛逆。孩子也是家里的一分子，有什么事情大家一起坐下来商量，让她有责任感，她会更加配合！

通过边学习边练习，再加上不断增加自己对孩子的包容度，我发现一切都变了。我甚至觉得曾经的“不淑女、大嗓门”都是那么可爱。不仅如此，我还发现了闺女身上的许多优点，其中最让我欣慰的是她具有强大的正能量。我很少看到她情绪低落，无论家里谁情绪低落，她都会通过各种幽默的话语或者夸张的动作来逗他开心。特别是她自己的心理调节能力超级强，即便遇到糟糕的事情，她也能很快地把自己的情绪调整好。这个优点，我以前是从没有注意到的。也正是因为她这样的性格，她和同学的关系特别好，老师也很喜欢她。从上初中开始，我开始慢慢放手，她学习成绩也开始有所提升，不仅能主动学习了，而且有了自己的目标和方向。

现在我才知道：对于孩子，你越欣赏他，他的优点越多，一个家庭的幸福指数越高；越包容他，他的成长越快，处事方式也越自如得体。作为家长，对他的未来也会越安心！

家庭教育的学习，让我慢慢地跟上女儿成长的步伐，使我们的亲子关系有了质的飞跃。我愿一直做她身边那个为她喝彩、为她鼓掌的好妈妈……

专家点睛 你若盛开，蝴蝶自来；你若精彩，天自安排。你变了，世界就变了。文章中的妈妈越想改变孩子，孩子越不愿被改变。一位母亲只有真正改变了自己，她才会看到因自身的改变而带来的这一系列的惊喜。简单来说，家庭教育是一门学问，育儿的过程，实质上亦是父母实现自我成长的过程。真正地、发自内心地相信——应该改变的永远是我们自己，转变，转变，说转就变。当我们发生改变的时候，周围的一切都会随之变化，我们也就能收获真正的幸福！祝愿所有的家长都能够走上自我成长之路，陪伴孩子一起快乐前行！

引爆他的小宇宙

孩子的身上存在缺点并不可怕，可怕的是作为孩子人生领路人的父母缺乏正确的家教观念和教子方法。

——美国作家　珍妮·艾里姆

故事放送

我是从儿子上小学高年级时开始关注家庭教育的，看了很多关于教育孩子的书，也上过一些家长课。通过学习，我开始思考自己的教育方式，并着手改变我的教育方法。

用了一年多的时间，我和儿子的关系得到改善，他的学习态度也有了一定的改变。儿子也顺利升入初中。

因为有了前几年的一点进步，我自以为可以应对儿子初中阶段的各种问题了。但随着儿子正式迈入青春期，我发现我的这些知识显然不够用了，曾经的知识距离学以致用还差得远。

在疫情居家生活的这段时间里，我又开始困惑了，难道是自己的教育方法退步了吗？还是因为疫情的原因？

下面与大家分享一下，在这段特殊的时期里，我在学习了家庭教育课程前后，我家的两个情景。

情景一：因为玩游戏问题，我和儿子经常爆发冲突。

由于疫情，孩子居家学习需要上网课，使用手机的机会增多。本来就为儿子手机问题担忧的我，更加关注孩子看电脑和手机的情况了。

只要儿子在学习时有些放松，我就想起学校老师讲的话，“初二是分水岭，如果出现问题就肯定掉队，考不上好的高中”。每当这些话语出现在脑海时，我就特别着急。我常常气急败坏地对他说：“这个特殊时期，如果你不好好学习，就考不上高中了！听见没有！”“你放下手机，别玩了！赶紧学习去！”“你看看你班里的小明，人家就知道用功学习，你看看你，还不着急呢？考不好别后悔啊！知道吗？！”“你看看你那样子，像要准备参加中考的吗？”“这段时期可是关键时期，大家都在上网课，谁努力了，谁就是赢家。人家的孩子都在积极上网课，你却在这里玩手机，现在就输掉了！”……除了大道理，就是长篇大论，直到把儿子说烦，然后不可避免地把矛盾升级。到头来，他干脆由原来的偷偷摸摸变成明目张胆。到底该怎么办呢？我简直快要崩溃了！

情景二：当我学习改变后，儿子的“小宇宙”一下子爆发了。

我分享一下改变后的我与儿子的互动小片段。这期间我用了旁敲侧击、引导孩子一起解决问题、跟进执行、及时肯定等方法，自我感觉还是不错的。

事情是这样的，开学复课后的测试，儿子的总成绩退步了，从原来的第三名一下子跌出前十名。面对如此情形，如果是以往，我家早就鸡飞狗跳了。而现在，学习后的我并没有像以前那样焦虑着急，心态平和了很多。

一个温暖的午后，我们母子间的对话开始了……

我：“儿子，今天发生了什么？怎么不开心啦？”

儿子：“不就是没考好吗！”（皱着眉头一副不耐烦的样子）

我：“别急，我们一起来找找原因，好吗？”

儿子：“可能是假期没有上好网课，没有好好利用时间……”

我：“那时间去哪儿了？”

儿子:“换了新手机,本来是为了上网课,结果影响了学习。您会不会收回手机呢?”

我:“手机在信息时代作用还是蛮大的啦!有个新闻说,一个男孩在疫情期间开发了一个小程序,用来收集当地社区有困难的人们的需求信息,然后寻找志愿者和有困难的人们对接,给予他们生活上的帮助。他很好地利用了网络资源。还有的同学在疫情期间,充分利用了网络的优势进行视频会议分享生活、互相交流;也有的同学积极进行网络旅游策划;特别是在这次疫情中,科技人员积极投入科技创新、人工智能科技抗疫,例如双光谱测温、5G医护助理机器人、京东配送机器人、百度地图迁徙大数据、微信在线问诊……真是大显身手。信息时代生活离不开网络,我们不是网络的奴隶而是网络的主人。我们可以一起探索有趣的APP让这些应用软件来丰富我们的生活,拓宽视野,增进交流。”

儿子:“妈妈,太好了,我现在就删除游戏APP。”

我:“你不是最喜欢机器人吗?让我们一起来探索吧……”

儿子:“那……那,我的成绩……”

我:“这次失误,你肯定也很遗憾。当然了,一两次考试确实不能代表以后你的成绩,它只是反映了你目前在某些方面可能存在的问题,我们能一起分析一下吗?”

儿子:“……好吧……”

可能是我平等问询的态度让儿子很舒服,他真的和我认真探讨起来。就这样,在我俩平和地商讨中,我了解到儿子翻看手机以及与我产生对抗的原因。我知道了孩子的心理需求,耐心地给予了建议。

经过商量,我和儿子约定,先尝试用新方法看看能否解决问题。

①写作业时将手机放到离开自己视线的地方,我们管它叫“停机

坪”。每完成一科作业可以休息5~10分钟。这时,儿子就可以到“停机坪”来使用手机查看班级的微信。

②每天吃完饭后玩20分钟游戏,然后写完作业。为了避免睡不着觉,睡觉前就不再玩了。

③上课时不做与课堂无关的事,当天笔记当天必须清。

④每天针对数学及物理这两个学科各复习15分钟。

此外,儿子还自己订立了期中考试目标——先恢复到原来的水平。我和他约定:由他负责执行,我负责监督打气。

我们统一了目标后,在跟进执行的过程中儿子也有抵抗,也会偶尔耍赖。这时,我会温柔而坚定地说:“儿子,我们的约定是什么?……”

最终在我们母子俩共同的坚持下,儿子期中考试的成绩恢复到了原来的水平。我及时向儿子表示肯定与祝贺,肯定他能够遵守约定,并祝贺他完成了自己制定的目标。儿子听了我的赞赏,有些不好意思地挠了挠头,笑了。

大家看到这两个不同的场景,一定想知道具体原因吧?请大家继续听我介绍,这可是一个自我学习、自我成长的过程。

静思感悟 当儿子出现问题的时候，我是带着不知所措的心情，走进“智慧家长课堂”的。经过深度地学习思考，令我认识到我的问题。原来，我总是觉得看看书，学点儿招法就可以对付儿子了。其实，伴随着孩子的成长，我是最需要坚持学习的。我的思想观念有问题，总想管孩子，其实现在这么多矛盾的原因还是在我身上。需要改变的是我自己。

哪里是什么疫情导致的问题。绝对是观念导致我的心态出了问题，我太着急了，我就怕孩子考不上好大学，找不到好工作。因为各种担心，因为我的害怕，所以我批评、指责、讲大道理，只看重成绩。我忘记了孩子是需要肯定的；我忘记了家长应该静下心来，和孩子平等地谈话；忘记了作为家长，应该少一分命令，多一分理解。我需要转变心态，让自己先静下来，改变教育方法，变批评指责为鼓励，以此来激发孩子的内驱力及潜能。

儿子到了青春期，我学习的不到位，不能真正了解什么是青春期。在深层次的“智慧家长课程”学习中，我才明白青春期的孩子在生理和心理上都会发生巨大变化。青春期的孩子独立性增强，不再被动地听从父母的教诲和安排，他们渴望由被动变主动，从依赖变独立。青春期的孩子情感浓烈、热情奔放，情绪的两极化表现十分突出，而且行为易冲动。

可见，家长的学习要伴随着孩子整个成长过程。特别是在这个特殊的时期，家长的成长才能带动孩子的成长。

这是我儿子成长中的一个小缩影，学习家庭教育以后，我的心态平和了许多，在教育孩子时不再那么急躁。我们家以前隔三岔五的吵闹声变成了欢笑声。孩子的学习成绩和在校表现均得到老师和同学的认可。现在我更加坚定了继续学习的信念，只有这样才能跟上孩子成长的脚步。

我还发现，当家长自身的素养提升后，我们面对孩子时的模样都会不知不觉地发生改变。无论是语言，还是动作，甚至是一个小小的眼神，都藏着“故事”，这才是真正学会育人的家长。记得专家老师说过，孩子是读心的，我能从孩子的回应中觉察到，我所付出的真情是可以被孩子感受到的。

我认为家庭教育中最重要的有以下几个原则。

①不能急于求成。家长的急有可能造成孩子不自信、不上进、失去学习兴趣、想赢怕输、没有责任心、逆反、对抗等。

②遵循孩子的生理及心理发展规律，培养孩子是一个循序渐进的过程。

③家长要做到“一只手”接纳、陪伴、包容、呵护，“另一只手”把控，教育要宽严有度。

④转变观念，学习什么是真爱，学习如何去爱。

⑤学会处理好夫妻关系、亲子关系、自我关系，营造良好的家庭环境。

⑥保持持续学习，不断完善自我。

⑦在教育孩子的过程中要保持积极乐观、平和淡定的心态。家长要时刻记住：自己是孩子的引路人，是孩子的导师兼朋友。

⑧对孩子多激励少批评。正向引导孩子，有利于孩子的自我实现。

以上是我今后需要谨记的原则。现在，儿子还仅仅是初中阶段，未来还有很长的时间，我会陪伴他沿着正确的方向努力前行。是的，我一定会的！

专家点睛 孩子就是家庭的缩影，真正比拼的是父母的观念以及生活方式、思维方式、处世方式。俗话说：“活到老、学到老。”人的一生都是需要学习的，家长在教育孩子之前一定要先受教育，即知识输入；然后带着满满的爱教育孩子，即知识输出。然而，有一些家长，存在这样一种学点儿招法就去对付孩子的心理。这其实是对家庭教育认识的不清楚，这种学习也会失去真正的意义。管得了一时，管不了一世，过后还会出现问题。真正的家庭教育，就是父母的自我修行，修行就是修正自己的行为，不修不行，越修越行。

单亲妈妈大变身

要教育好孩子，就要不断提高教育技巧。要提高教育技巧，那么就需要家长付出个人的努力，不断进修自己。

——苏联著名教育家　苏霍姆林斯基

故事放送

我是个单亲妈妈。离婚后，我带着闺女和我父母住在一起。我们这个四口之家，在孩子上学之前，也挺快乐的。

闺女读小学前，我没给她报什么特长班，也没上幼儿园，所以孩子过得相当快乐。可等到她上小学，我的战斗号角就吹响了。我的不自信与紧张焦虑在这一刻全部喷涌而出。

我的不自信源于不高的收入。因此，我没有能力让闺女做到全面开花，但我非常看重她的学业。从小到大，我给孩子的任务就是学习，什么家务都不用做。

从女儿踏入小学的大门开始，我又给她准备了另一个“方便之门”——辅导班。我先给孩子报的是英语辅导班。由于孩子接触英语早，又因为学校三年级才开设英语课，所以孩子的英语成绩在班里一直是名列前茅。我们娘俩也因为孩子的英语成绩优秀，一度更迷恋提前学习，热衷报辅导班了。就这样，一路走来，闺女升入了初中。

到了初中，女儿英语考试成绩却下降了。于是，我开始和孩子一起寻找原因。总结原因发现，是没有坚持把背单词以及复习等学习任务落实好。我还到学校询问老师，孩子的问题出在哪里。老师提议让她多背单词。我就规定女儿每天坚持背单词，但她却总是坚持得不够好，成绩上也没有多大起色。

这时，我心里的委屈开始泛滥。我心想，自己每周六很早起来，从早上8: 30到下午2: 30陪她去上辅导班。为了给她交上辅导班的高昂学费，我几乎每个周末都在加班。可是，孩子却为什么一点儿不能体谅妈妈的艰辛呢？此时的我，内心备受打击。怎么办？

我抱着一探究竟的心态，学习了“家庭教育指导使自我成长系列课程”。我懂得了很多科学的教育理念，比如“缓慢优雅是状态，改变观念是前提”“家长对孩子的爱不要溺爱、瞎爱、不会爱，要学会真爱”“要接纳孩子的缺点，孩子的问题本质上是家长的问题”“改变自己，创建幸福家庭”等知识，这些对我来说，就像是打开了一扇崭新的大门。

在学习“积极心理学在家庭教育中的应用”和“埃里克森人格发展的八个阶段”中，我懂得了改变要从自己开始。自己要积极地面对生活和工作，做个快乐妈妈。只有家长的幸福指数提高了，才会让孩子感受到家庭的温暖。

在“新时代中国需要怎样的家庭教育”专题学习中，让我学到了一个非常好的教育模式——那就是家庭要有固定的谈话时间，说“我”而不谈“你”。这种模式是减少孩子的对抗心理、拉近亲子关系的一个特别好的方法。

众多专家老师深入浅出的讲解，让我恍然大悟，我以前是真的错了。

许多事情在我们大人看来是十分浅显的事，但在孩子看来却是十分困难的。不了解孩子的心智发展情况，不了解孩子的成长规律，归根结底是我学习得还不够。我总觉得让孩子上好各种辅导班就万事大吉了，没有想到作为家长的自己才是孩子的第一任老师。自己不学习，还对孩子高要求、高期望，一味要求孩子去学习。当孩子感到压力越来越大时，随之而来的就是失去了学习的兴趣。

特别是国家的“双减”政策出台后，我又学习了“‘双减’之后如何做智慧家长”的课程。原来，我没有弄明白让孩子上辅导班的目的，都是自己的攀比心在作怪。别人家孩子上，我家孩子也要上。作为家长迷恋上让孩子提前学习，实际上就是满足自己的虚荣心，没有顾及孩子的感受。我对孩子的教育是填鸭式教育，只怕孩子吃不饱，不管孩子愿不愿意，消化不消化，没有从孩子的角度出发，没要尊重孩子的参与权，不利于孩子的成长与发展。

专家老师耐心地对我说：“做好自己，才能做好家长。要想孩子成为一个优秀的人，最好的办法不是改变孩子，而是家长要使自己成为优秀的人，因为最好的教育是家长的言传身教。”是呀，看来学习的应该是我自己呀！自己一定要好好学习，用一颗平常心去理解孩子，读懂孩子，与孩子感同身受，以自己的实际行动带动孩子一起成长。

成功启示

我明白自己要做的就是摒弃错误，树立正确的家庭教育观念，改变自己。在尊重孩子的权利，遵循科学发展规律的基础上，给孩子一个更宽松和谐的成长空间。而我要学会管理好自己的情绪，遇事要冷静、学会内省，要学会“闭嘴”和“倾听”。就这样，在我的带动下，我的家庭也悄悄发生了变化。

（1）姥姥姥爷齐动员，培养孩子的自理能力。

每次我上完课后，都会和我母亲交流我学到的知识。例如，不让孩子做简单家务是溺爱、瞎爱，剥夺了孩子的参与权。姥姥听了以后，也觉得很有道理，很配合我。现在孩子每天洗澡后，都会自己清洗内衣袜子。再有，我要求孩子早起上学要自己上闹表，我不会再催着叫她起床，姥姥也一样不会叫她。经过一段时间的坚持，现在孩子已经能自己上闹表、自己起床了。

（2）用自己的努力为榜样，培养孩子的意志品质。

俗话说，身教重于言教。为了培养女儿坚强的意志品质，我开始自己减肥锻炼，用实际行动带动女儿一同坚持参加体育锻炼。在我的感染下，她已经养成每天进行体育锻炼的习惯，并且和我共同坚持了下来。看到我在行动，女儿也立志把学习外语这个困难攻下来。我俩交换了意见，孩子自己表示了决心，制订了行动计划；我也配合女儿做了一个学习计划，每天坚持读书学习。我俩成立的这个学习小组，可不是原来的我只是监督孩子的学习小组，而是各自有各自的学习任务的学习小组。她背单词，我读书；她写作业，我反思。我俩把最好的学习状态展示给对方，一起进步。

（3）用真心的欣赏，帮助孩子获得自信的力量。

对于孩子在成长中取得的一点一滴进步，我都第一时间给予欣赏的目光和称赞的言语。慢慢地，生活掌握在了她自己的手中。我发现，孩子每天写作业不用我督促了，早晨能够自己起床了，她变得快乐且自信了，家中的氛围和谐了很多，我们家的幸福指数节节攀升。

我庆幸，学习使我有了如此丰厚的收获！我知道，只有那些学了去做的人，做了还能坚持做的人，坚持做了还能总结反思提高的人，才会最终发生改变，收获幸福！

专家点睛

没有不想学好的孩子，只有不会教育的家长。现在许多家长只是关注孩子的学习，甚至对孩子说：“只要管好自己的学习就可以了，其他的都不用管。”就像文章中的妈妈，把自己搞得筋疲力尽，孩子还不买账，学习也没有效果。究其原因，就是家长没有正确的教育方向，没有学习、成长、反思、改变。感谢“双减”政策为孩子们的健康发展指明了新方向，也给家长的家庭教育提出了新要求——更新家教观念，做智慧家长。只有家长从观念、态度、情绪、语言以及行为上发生质的变化，孩子才会有成长的飞跃，家庭才会收获满满的幸福。

全家总动员

我相信家庭与外界是决然不同的，它可以充满爱、关怀及了解，成为一个人养精蓄锐的场所。

——美国著名心理治疗师　维吉尼亚·萨提亚

故事放送

我结婚12年了，孩子已上小学六年级。我和爱人都是30多岁才结婚的。我俩是经人介绍相识的，交往了半年不到就结婚了。大概是都觉得自己老大不小了吧，心里想着找个工作、家庭等条件差不多的就行了。这话题我从来没问过老公，但我自己是这么想的。

真正生活在一起，才知道有那么多的不和谐、不愉快，我的生活可以用“水深火热”来形容。

自从有了孩子，我就开始了各种忍耐。要不是为了孩子，我应该和他早就离婚了。我讨厌公婆，更讨厌爱人。

如果有人问我，你们这么不合适，结婚前怎么没看出来？

我会肯定地回答：“结婚前不在一起生活，都不太了解。”生活背景、文化背景及成长经历，真是众多的不同。我们又都是很仓促地解决人生大事，也没考虑那么多。原来没有孩子，还真不知道夫妻间会有这么多问题！有了孩子矛盾更是暴露无遗。

如果说没有孩子之前生活还算平静，在孩子上学之前关系也还算可以。但等到孩子上学后，因为在孩子教育问题上的观念和看法不一致，我和爱人产生了极大的矛盾冲突。几乎每天都吵架，一见面就是各种不和谐。

我也曾分析过我们产生矛盾的主要原因，主要是性格不合，他有很大的原生家庭问题（这个词也是学来的）。而我，好像也有从小的生活环境的烙印。

我对爱人的不满真的很多很多：强势、专制、说话太难听、从不干家务、对家人不够尊重……

虽然爱人的这些问题，有他个人的原因，我觉得自己也有不对。比如我比较执拗，听不进他的任何话，甚至成心和他对着干，对他的关心也不够。

再说说孩子的情况：孩子比较贪玩，学习缺乏主动性。他 10 个月时我就开始给他报亲子班，后来又陆续上了幼儿英语、感觉统合训练、右脑开发、手风琴、民族舞、跆拳道等课程。他上小学后还一直坚持篮球和小提琴的培训。现在看来，那时对孩子的教育开发是有点儿过多了。

现在，孩子即将小升初，学习习惯养成得不好，比较浮躁，不能自我约束。我特别想让儿子成为一个学习上的精英，可看他整天无精打采的样子，对学习根本就不感兴趣。为此，我不知哭了多少回。

糟糕的现实，错乱的家庭关系，经常让我感到身心俱疲。说实话，要不是为了孩子，我一天也撑不下去。但孩子这么多问题我总得想想办法啊！我开始到处“寻医问药”。

静思感悟

朋友推荐我向专家老师们求助。我参加了为期 42 天的跟踪指导课程学习，我像是抓住了救命稻草一样，如饥似渴地向专家老师们学习。在 42 天的跟踪指导中，专家老师更是对我关爱有加，每天都与我沟通交流，对问题进行针对性地指导，对我的点滴进步给予激励，帮我向内看、找资源、想办法，促使我不断进步。

（1）学习让我在观念上有了很大的转变。

在不断学习中，我真正认识到，家庭教育要取得成功，先要调整好夫妻关系，夫妻关系是一切家庭关系的基础。我与爱人的关系不好。于是，我把全部的爱与期望全寄托在了儿子身上，这就让孩子小小的身躯承载了过多不属于他的责任。我的高期望、高要求，造成我对孩子总是失望，没有肯定；而孩子也一直没有自信，胆小、幼稚。

我的情绪管理也出现了问题。这也许是从小家庭生活留下的烙印，更是因为我一直隐忍，积压了好多负面情绪。这些情绪找不到出口，孩子便成了替罪羊。我自己不开心就拿孩子出气，对孩子发脾气、大吼大叫。

（2）用自己的改变带动全家的改变。

第一，先调夫妻关系。对于这个问题，我也想通了，不管将来婚姻情况如何，都有必要探索一下在这段婚姻中自己存在什么问题。爱人是自己的一面镜子，从这面镜子中我看到自己，我要马上改变自己，获得成长。

当我们又一次发生不愉快处于冷战时，我尝试主动和他沟通。这在以前绝对是不可能的。我会认为，我主动沟通，不是认输了吗？那样我会心理不平衡，为什么要我一个女人去主动和解呢？而我现在，就没有这种感觉了。那次，我走过去抱了他一下，这在多年的婚姻生活中是从来没有的。爱人的怒气瞬间就没了。现在回想，那次拥抱，绝对有跨时代的意义。爱人从我的拥抱里感到了温暖，而我也因为那个拥抱感受到了他强势背后的无助。那一刻，我确定：他也和我一样需要温暖的怀抱。

第二，尝试着表达自己的感受。我从老师和我的沟通中感觉到，把心里的话说出来，无比舒爽。面对孩子的逆反与不听话，我不再像以前那样负面批评。我会告诉孩子，看到你这样不认真学习的行为，我很伤心。孩子听完我的话，会用他明亮的大眼睛望向我。他在疑惑妈妈这是怎么了？在跟我示弱吗？就在他望向我的同时，我坚定地点点头，用目光告诉孩子，你行的！妈妈知道你一定行！孩子得到我这样的肯定与鼓励，是对他下一步努力的最大的支持。

第三，有意识地对孩子放手。儿子是我一手带大的，他曾经是我的全部。而通过老师指导，我发现我与孩子的分离做得太差。他这么大了，每天还要和我一起睡，这是不可以的。这一切都说明，我对他包办太多，导致孩子的自我生活和管理能力没有得到发展。分离第一步——和儿子分床。在我一段时间的温柔而坚定的坚持下，如今儿子已经能独自睡觉，不再需要我陪了。

成功启示

现在，有一些改变正悄然发生在我们一家人身上。在不知不觉中，我越来越能发现爱人和孩子身上的优点，不再简单粗暴地解决自己与他们之间的问题，自己也变得越来越有信心，心态也变得越来越平和。特别是面对问题时，我不再逃避，而是勇敢地面对问题，正视它，积极想办法解决它。

随着我的改变，我爱人也有了一些变化，经常对我说："你辛苦了。"他不仅发脾气的次数少了，还会在孩子面前称赞我。在我控制不住脾气时，他还提醒我要先控制好情绪再和孩子沟通等。

孩子的学习主动性也有了提高，和我沟通时脾气也不再像以前那样急躁了，几乎每天都会和我问好并且说："一天愉快！"他还经常学着爸爸的样子和我说："妈妈辛苦了！"

家里的氛围越来越好，所有这一切都让我深刻地领悟到改变自己、用正确的知识打造更好的自己是多么重要。

现在，我们的夫妻关系很融洽。最近，爱人给我买了檀香手链，让我非常惊喜！结婚 12 年来，这是他第一次主动给我买礼物。每当我们夫妻开玩笑逗乐的时候，笑得最开心的是孩子！这难能可贵的幸福让我明白：良好的夫妻关系对孩子的幸福来说有多么重要。

家庭教育的学习让我获益匪浅，我愿意用我的改变去带领我们全家走向幸福！

专家点睛

在家庭关系的育人铁三角中，爸爸疼爱妈妈，妈妈欣赏爸爸，才是育人的基础。夫妻二人之间深深的爱，是他们共同给予孩子的暖暖的爱，是孩子成长的力量。因此，一个家庭里夫妻关系的重要性远远大于亲子关系。夫妻关系犹如家庭的定海神针。要想家庭幸福稳定，夫妻关系必须是第一位。文章中的妈妈经过学习反思，自我率先改变，得到了自我成长，夫妻关系改善了，很快带来了整个家庭的变化。一个充满爱的家庭里能培养出内心强大的孩子，内心强大的孩子会拥有宽广的眼界和远大的格局，因为只有强大的内心才能支撑他们站得更高、看得更远。

上兴趣班，孩子有兴趣才行

知之者不如好之者，好之者不如乐之者。

——中国古代伟大的思想家、教育家　孔子

故事放送

女儿上一年级的时候，学校里开设了许多兴趣班。她兴奋地告诉我要报名参加兴趣班。听了她的介绍，我觉得这些丰富多彩的活动太好了。我认为弹钢琴可以陶冶情操，提升气质；学习书画可以修身养性；打乒乓球可以锻炼动手能力和反应能力，对调节视力也能起到一定的作用。于是，我建议女儿参加弹钢琴、画画以及打乒乓球的兴趣小组活动。自己看着孩子乐呵呵地去参加活动，暗自庆幸给孩子的建议很好。可是不久，我就发现女儿对参加乒乓球的活动不是很热情。我多次发现乒乓球活动室里看不见她的身影。原来，她回教室写作业去了。我几次催她去练球，她啥也不说，只是乐呵呵地推托。再后来，她对我说："妈妈，我还是先写作业吧，过些天再去打乒乓球。"我想想也是，孩子除去学校课堂学习，还有校外的合唱培训和绘画班学习，再加上学校内的弹钢琴、画画及打乒乓球，也是参加了不少活动。看到她表示过一段时间再训练时那信誓旦旦的神情，我也就同意了她的请求。谁知一个小活动，让我大吃一惊。

那是学校组织小记者团去天津电视台和楠楠姐姐一起录制节目的活动。她作为学校小记者团成员，和楠楠姐姐一起走进了《太阳能剧场》。剧中一个环节是请小朋友们说说自己不喜欢的事情，以及自己对这件不喜欢的事情的应对策略。女儿手持话筒振振有词："我不喜欢打乒乓球，我的做法就是往后拖……"啊！！！看着电视画面中洋洋自得的她，我猛然清醒，原来这个"小坏蛋"一直是在有意识地往后拖，我竟然没有发觉。我对电视中的她，运了运气，回过头来，冲她瞪了一眼。她则冲我吐吐舌头，做了一个鬼脸儿。

我是用心良苦，可她却为什么会这样呢？

静思感悟

带着问题，我请教了专门从事家庭教育的老师。老师语重心长地对我说："兴趣是最好的老师。大师说，天才的秘诀在于99%的汗水和1%的灵感。但如果没有兴趣，又有谁能够心甘情愿地付出99%的汗水呢？不同的人在同样的学习环境下学习效果有所不同，除去其自身素质不同的因素之外，还有一个更加重要的原因就是学习者对学习的兴趣所在。你家孩子和别的孩子不同，尽管不喜欢这件事件，她没有和你大吵大闹，自己有自己的想法和对策。她是一个有思想的孩子，因此，你还要多学习，多多了解孩子，做自己的教育专家。"

后来，我翻阅了大量的图书，与周围的家长一起交流分享教子经验。在不断思考中得到了启示，在不断实践中逐渐成长。

因为我懂得了：作为家长一定要用心学习，在与孩子沟通中更多地去了解自己的孩子，读懂孩子这本书；作为家长一定要尊重孩子，多站在孩子的角度想问题。从孩子的需要出发，慢慢地引导孩子，激发孩子学习的兴趣与欲望。变"要我学"为"我要学"。

成功启示

兴趣是最好的老师，它可以激发人的创造热情、好奇心和求知欲。兴趣就是如此神奇，它能给予学习者以无穷的动力，使学习效果得以最佳显现。孩子多一项技能固然很好，但是无论学什么都要注意是否符合孩子的兴趣和天赋，家长把自己的意愿强加给孩子是不可取的。

我在思想上提高了认识，心态也平和了。女儿二年级的时候，我们俩开始一起学习思维训练题。虽然没有上“思维训练兴趣班”，但是我们母女每天按部就班，在积极的互动中度过了快乐的学习时光。可是，在女儿三年级期间，我去外地出差。临行前，我把孩子托付给了“思维训练班”的老师，周末孩子去他那里继续学习。可是没过多久，奶奶打来电话说，爸爸下班后给孩子辅导思维训练题。开始还很好，可是不一会儿就出现了问题，女儿抹眼泪，爸爸气得直瞪眼，俩人心情都很不好。我想起老师的话语。于是，我耐心地征求电话那端女儿的意见：“你自己选择有兴趣的课程吧，如果觉得不适合，你可以退掉。”后来女儿决定退掉思维训练班，继续坚持她喜欢的琴类和绘画的学习。后来，我发现她对音乐的学习兴趣还是一如既往。特别是学校组织了汇报演出，她极其主动、不厌其烦地练琴。

退掉她不喜欢的课程后，家里恢复了原来的宁静。孩子不仅每天开开心心地练琴，还在文艺展演中取得了优异的成绩。而她对于数学的学习还是一如既往地认真。因此，她的数学成绩还是很优秀的。我想如果不是当机立断退掉思维训练课程，不仅增加了孩子的烦恼，还给家里带来了不和谐，可能还会增加孩子的挫败感，影响数学课程的学习。正是由于尊重了孩子的选择，孩子无论参加什么兴趣班的学习都学得轻松，并且乐在其中。

我指导孩子既在“学”上下功夫，还在“习”上下功夫，给孩子展示的舞台，让孩子有用武之地。让孩子体验到成功的快乐，她的兴趣也是越来越浓厚。

后来，孩子在上高中时，虽然由于物理成绩不错被老师选入了物理竞赛队，但是后来孩子主动提出退出。她认为，自己将来会在文科方向发展，要在这方面下功夫，并不想因为这个竞赛而浪费自己大把的时间。

一路走来，在孩子参加兴趣班的过程中，我认为保护孩子对学习的兴趣和信心是最重要的。正因为如此，女儿的学习目标更加清晰，向着目标前进的步伐也更加坚定。

专家点睛

兴趣班的故事很耐人寻味，这真是上有政策，下有对策。对让孩子上兴趣班这件事，我们许多家长都是一厢情愿、满怀热情，结果却被搞得焦头烂额。然而孩子们都有自己的独特想法，因为他们是独特的个体。兴趣班顾名思义，有兴趣才上的班，没有兴趣，何谈兴趣班。正所谓“兴趣是最好的老师”，当孩子对一门科目产生了兴趣之后，自然就会动力十足。取得好的学习效果的秘密，就是对学习的热爱。我们的家长们要真正认识到其中的意义，树立正确的教育观念，不盲从、不跟风、不攀比，了解孩子的优势和劣势，尊重孩子的选择，毕竟最好的教育就是让孩子成为他自己。

PART 3

坚定信念是动力

心理学上著名的“罗森塔尔效应”告诉我们:信念的力量是巨大的。在生活中,我们的家长们是不是也坚信自己的孩子朝着更好的目标而努力成长呢?孩子前行的路哪有什么一帆风顺。当孩子遇到困难,感到无助时,多么渴望得到父母的理解、认可和支持。这时的父母要挺身而出,帮助他们,给孩子信任和支持,给他们勇气,助力他们继续前行。这不仅仅是巨大的爱的力量,更是来自父母心中信念的力量。因为他们坚信,无论此时的孩子多么糟糕,只要有父母做好强大的后盾,他们都会重获自信,成为更好的自己。家长要给孩子的健康成长营造良好的家庭环境,唯一的方法就是不断学习,坚定改变自己的信念,无论怎样都要相信自己、相信孩子。请记住,家长积极的心态和坚定的信念是孩子优秀、家庭幸福的保障。

同心啃下硬骨头

我以为挫折、磨难是锻炼意志、增强能力的好机会。

——中国著名记者、出版家　邹韬奋

故事放送

英语对于男孩子，真有那么难吗？——我经常这么扪心自问。

我儿子是在我的撒手下长大的。上学前，我没教过他什么课本上的知识，他也没有上过任何关于文化学习的课外班。我也不催，更不强迫他必须达到什么效果。之所以这么做，既有我上班远只得把孩子放奶奶家的原因，也有我学习了很多育儿文章，遵从某些专家提醒，即让儿童自由发展的原因。

后来，等他大了，快上学了，我便发现问题了，这孩子有点被宠过了。我太松心了，孩子的好多习惯都没有立好，不但怵头学习，也有很多不好的生活习惯。看着同龄的孩子们很多都已经跟"小大人"似的成熟，而我家儿子还是一个只会玩的"小天真"。我有点着急了。

儿子上小学一年级时，我开始把他接回来和我们住。此时，我也准备可以启动我的英语培养计划了。说起英语培养一事，这里有一个渊源：我爱人曾经多次提及，要不是英语成绩拉分，他就考上哪儿哪儿了；还有英语对他来讲，太难了，不是不学，是真学不会。听他这么说，我心里更是一紧，祈祷儿子这一点上不会遗传他。于是，我准备自己先给儿子启蒙，不借助外力。一年级上学期，我没给他"开班"，一是怕与汉语拼音字母混淆;二是还想先给他做“热耳”铺垫;三是因为第一学期,感觉还是应该适应校园生活为主。

家庭英语辅导第一步:“热耳”铺垫。

我找来国外儿童比较流行的英语动画片,每个周末都放上两集。有时我陪着看,有时让他自己看。这么做只是想“打开”他的耳朵,好让他对英语有个感觉。

家庭英语辅导第二步:开始字母学习。

其实对于字母的学习,孩子在幼儿园时老师也教过。等我自己教时,才发现孩子对这些字母早已没了印象。最要命的是,他经常跟汉语拼音混淆,还有 b 和 d、p 和 q 不分等问题,真是问哪儿哪儿不会,一窍不通。

此时,我感觉到了教他的费力。怎么办?我左思右想,还是用“拆分法”吧,把大目标拆分成几个小目标,再各个击破。

①买来英语字母挂图,一个周末只教 6 个字母。

②教的过程中,不仅注意读对,还要注意手写体的正确书写。

③平日里,给孩子留作业——每天 6 个英语字母各写一行。

④到周末整体检查这 6 个字母的听说读写;然后再教后面 6 个字母。

就这样坚持了一个月,26 个字母总算可以过关了。

家庭英语辅导第三步:开始音标的学习。

学音标的时候,孩子已经一年级下学期快放假了。因为学校作业增加还有复习的压力,所以我放慢了音标学习的进度。有时间的时候,我们就在周末学上两三个,就当预热。等到暑假时,再正式开始学习。

暑假里,我基本一周给他讲 10 个音标,也是听说读写的练习。还是在周末讲，平日进行复习并练习读写强化。就这样，一个暑假，音标的学习任务完成了。

家庭英语辅导第四步：字母和音标基础牢了，开始对课本的精读精学。

到儿子二年级上学期的时候，平日里，放学回家再吃完晚饭时间就不早了，用来学习英语的时间太短。所以，我给他制订的英语学习计划还是以周末加强为主，平日以完成作业、复习课上知识为主。

这个阶段英语的学习，我对孩子的要求是熟读课本，有单词表里的单词就记下来。好在二年级的英语课本很简单，单词量少，句式也简单。难度虽小，儿子学得还是费劲。别看平时聊天、讲笑话他比谁都能，一到念英语课本，就那几个单词、几个句型，他总是记不住。

最后，还是我的坚持赢得了胜利。我们不断地重复、刻意地练习，昨天的忘记了，今天再问，今天再不会，明天还问。这周学的，下周继续问。通过一遍又一遍的重复，儿子终于有点开窍了。期末考试，儿子拿到了他英语学科的第一个优秀等级。

家庭英语辅导第五步：乘胜追击。

我们娘俩貌似费力，又貌似轻描淡写的英语学习，不知不觉来到了第三个年头，儿子上三年级了。我研究了一下三年级的课本，难度又有提升，单词稍多一点，语法也初有涉及。我又调整了一下“培训计划”，除了依然坚持平日里对作业的巩固以及坚持周末强化一周涉及的内容之外，我又加了一项，即要求他把课本中出现的句式与单词必须会背、会默。这个要求一出现，就遭到了儿子的反对。他振振有词地说：“背这个干什么，考试又不考，老师都不要求。”我把道理讲给他，他还是心不甘、情不愿。在随后的第一单元里，赫然出现了我让他背的一个书上的原句填空。这下儿子明白了：原来水平测试不是老师提的考哪就考哪，得按书走！哈哈，这下儿子老实了，开始乖乖地按我的学习计划走。

我们娘俩这个学期挺辛苦，平日里写作业，复习上课所学，周末复习强化一周内容，背默这一周课本出现的所有单词、句式。我们的辛苦学习当然有回报，期末全班四个英语优秀，我们是四分之一。爽！

家庭英语辅导第六步：开始单词背诵。

三年级升四年级的暑假里，我开始让他提前背单词了。这个背，背的是常用词，跟以往只是随着课堂的学习走不同，已经开始进行预习了。

我的要求不高，一天两个单词会背、会默就行。学习英语的人都知道，词汇量是英语学习的关键，得单词者得英语天下。我们先这样小步地学习着，靠的是日积月累。如果这个习惯能坚持到高中，那应该是个非常大的单词积累量。也许是因为这两年的英语学习让儿子尝到了“甜头”，他爽快地答应了我的要求，并每天认真地抄写与背诵。而我，每个周末都会给他默写、帮他复习等。算下来，一个暑假，儿子单词学了 120 个。不少了，我们娘俩都很知足。英语单词浩如烟海，我们不贪多、贪快。

我想，儿子通过这种慢学习的方式，大约能培养一点读书的乐趣，也大概能明白啥叫“积少成多”了。

静思感悟

大家看到的这家庭辅导六步法，可能会说，你可是一个会英语的妈妈。对于我们英语不是很好的家长来说有什么用呢？其实，我和大家说，我的英语水平不高。只是在这个辅导过程中，我坚持学习了家庭教育理论，家庭教育理念的支撑使我走好了英语辅导的每一步。在这个过程中，坚定的信念让我们全家轻松面对学习的困难，努力做到坚持不懈，一起成长。

我是如何学习，不断反思、不断进步的呢？

首先，在英语字母教学的过程中，我发现了对于一个刚入学儿童而言面临的学习困难：注意力不集中，不知道如何学与记，学完了的知识连想都不想，等等。所有这些问题，只能慢慢解决。如果我着急了，孩子只会因为害怕我而应付差事，到时候学习兴趣势必受到影响。这才是我最担心的问题。家庭教育专家老师说，学习的兴趣是战胜学习困难的一个法宝。我积极面对孩子的不完美，尽管有失误，我们也不气馁，积极鼓励孩子，相信自己一定行！渐渐地，孩子掌握了学习方法，对英语也感兴趣了。

其次，音标的学习必须是在牢记字母的基础上，否则，再加上汉语拼音，孩子一定是全乱套。我记得老师说，教育是农业不是工业，一定做到缓慢优雅。于是，我耐心地带着孩子反复练习、不断记忆。经过我三年来的调教，儿子也渐渐知道我如此陪伴、引路的好处。用儿子的话说："我现在学英语啊，都学出兴趣来了！我一定做个英语小达人！"

再补充一句，在这三年我们自己带孩子的历程中，还有一个我们娘俩的"超级后援"——就是孩子爸爸。我们学习，他做后勤；我们娘俩学累了，就是他给我们放松、逗笑。就在前几天，孩子爸爸对我说："你带他学习的样子，我看着都感动，要是我小时候，也会受到这样的帮助，我肯定不会怵头英语的学习了。"

三年来的学习陪伴，我们一家都觉得收获巨大。收获不在成绩，我们一致觉得，不管事情有多难，有我们全家的坚持与同心，一定能战胜它。当然，这还要感谢我所遇到的每一位家庭教育指导专家呀！

成功启示

漫漫学习长路，我们一家只是刚刚起步，写下这些，是想起到抛砖引玉的作用。

那么，回想这一路走来，自己有哪些启示呢？

（1）坚定的信念。

树立英语不难的信心，相信自己和孩子一定能用蚂蚁啃骨头的精神，战胜这个困难。

（2）积极鼓励。

了解自己孩子的年龄和心理特征，积极给他鼓劲儿，为他加油。努力做到因材施教。

（3）榜样带动。

家长和孩子一起从头学习，一点点地努力攻克难关，用行动去影响孩子。

（4）掌握方法。

面对困难，积极想办法。有了正确的方法指导引路，鼓励孩子不断尝试，获取成功。他的学习自信心就会加强，不会畏惧困难了。

最后告诉大家，只要坚持，只要一直努力，谁都可以成为一个玩转英语的赢家！

专家点睛

故事中的这个妈妈与孩子同心啃下的是英语这块硬骨头。故事让我们看到了家长在助力孩子成长的过程中信念的力量。当前，“双减”政策落地，对家长提出了更高的要求。如何科学地陪伴孩子，需要家长的用心，需要家长坚定的信念与坚持。教育的艺术不在于传授本领，而在于激励、唤醒和鼓舞。家长要了解自己的孩子，积极鼓励孩子，在引导孩子的过程中树立坚定的信念。从积极为孩子建立起一个成才的目标开始，全身心地投入到孩子的成长中去。为孩子做好榜样，并带领孩子一步一个脚印，朝着目标不懈努力，终会获得成功。要知道，水滴石穿不是水的力量，而是坚持的力量！

我赢在坚信自己

信念只有在积极的行动之中才能够生存，才能够得到加强和磨炼。

——**苏联著名教育家　苏霍姆林斯基**

故事放送

从28岁结婚到成为单亲妈妈,这中间的路我走了15年。

我出生在一个北方小城,在高中毕业后因为没考上大学,就跟随老乡来到天津打工。第一份工作是在一个国营企业上班,薪水虽然不高,但我很知足。后来我喜欢上了我们单位的技术员,在我眼里他是最帅的男人。另外,他还有一个我最喜欢的优点——本科毕业生。于是,我主动发起进攻,中间的过程虽然有点小曲折,但结果还是遂了我的心愿。28岁时我终于把自己嫁了出去,而新郎是我最中意的白马王子。

结婚后我一天也没有休息。这么多年,除了生儿子休产假,我始终奋战在单位的生产一线。我忙完工作,忙家里。我的儿子从小就很优秀,也因为我的严格要求,投入大量精力,他的学习很好,一直是我的骄傲。虽说辛苦,但是我心里也是喜滋滋的。可是就在我以为我儿子的名牌大学梦指日可待时,我的丈夫爱上了别人。

这个男人生生地把我的生活全盘打乱了。我开始昏天黑地地和丈夫斗争。起初我挣扎、反抗、报怨甚至赌气,我就不能便宜了那个女人。我一手打造的家,岂能拱手让予她人?!

这中间我足足和丈夫吵了三年,打了三年,骂了三年,对抗了三年。

那时的我甚至想,永远都不离婚,这辈子就这么耗着他们。

可是,在这三年的"保婚大战"中,儿子成了牺牲品。随着我俩吵闹的升级,儿子的厌学情绪全面爆发了。

起初他是不写作业,再后来是经常请假。直到有一天,儿子干脆告诉我,他不想上学了。我找来班主任和他谈话,儿子把他的想法和盘托出,他觉得生活没有目标,也没多大意思了。

他可是我的命啊,他可是我的骄傲啊!为了他上学,我节衣缩食也要让他上最好的学校,辅导班也是上最好的。就为了让他能圆我的大学梦啊!

压倒我的守婚念头的最后一根稻草就是儿子的厌学。他都不想上学了,这个婚我还守什么守?我到底该如何是好呢?我欲哭无泪!

静思感悟

还好,老天帮助了我。我被一个姐妹领进了家庭教育学习的大门。原来我坚持的全错了!专家老师直接指出:"你的生命是为了谁而活?你为了一个心已经离开的男人要舍弃你今后几十年的生活吗?你这样做,对得起自己吗?"

老师的话让我猛然惊醒,再加上儿子目前的状况,我终于明白了——放过别人,也是放过自己!

从决定办理离婚手续到完成,没用多少时间。这一次,我一点儿也没犹豫,更没有不舍。我放了他,更放了自己,还有儿子。我放了我们仨一条生路。我变成了一个单亲妈妈。从此,我要和儿子相依为命过日子了。那年,儿子 14 岁。

刚离婚时,我的状态很低迷。我觉得我的一切都没了,家没了,儿子状况也不好。我接下来要怎么活,我都不知道。

好在,我的家庭教育指导老师一直陪着我。她鼓励我找到我的专长,鼓励我完成自己的梦想。每当我沮丧时，她总是用亲切的话语、透彻的分析帮我解惑、为我打气。

老师告诉我："不要老叹息过去，过去了就不再回来了；要明智地改善现在。要以不忧不惧的坚决意志投入到扑朔迷离的未来。""妈妈内心强大，才能在生活中处之泰然、荣辱不惊，而这种淡然与平和是孩子成长最好的养料。"在老师的鼓励下，我拿起笔开始了认真地学习反思。我弄清了自己的内心状态，总是把希望寄托在他人身上，对自己缺乏信心，这些也是因为自己学习不够。从现在开始，一定好好学习，接纳自己的不完美，不再责备，不再抱怨，努力减少心理能量的消耗。做个内心强大的妈妈，给孩子也注入新的能力。我对自己不停地说："加油！单亲妈妈，不怕！不怕！加油吧！"……

再后来，我又经历了下岗风波。因为我对烹饪和面点有兴趣，我的老师启发了我，让我的中式面点走出家庭的小厨房。从她的肯定中，我获得了巨大的认可，我相信了她的话，想方设法尝试创新。现在，我的手工蛋糕店已经在网上开张了，目前生意还挺好。虽然我没打过任何广告，但因为我的产品物美价廉，经过口口相传，我的生意也越来越好了。

成功启示

感谢家庭教育这门博大精深的学科带我走出困境！感谢几年来一直陪伴我的家庭教育指导师的精神引领！没有你们，就没有我的今天。

感谢的话不多说，我的故事也只是抛砖引玉，我今天想重点说说我是怎样帮助我儿子走出厌学迷雾的。

离婚后，喧嚣的家庭恢复了平静，我和儿子也说了所有实情："儿子啊，家再也不吵闹了，今后妈妈就要靠你保护了。"这是我离婚后跟儿子说的第一句话。这句话，我思考了很久，之所以这么说，我想给儿子一个动力、一份责任与担当。儿子听完我的话，低下了头。又过了一周，儿子背起了书包，重返了校园。

这期间我们娘俩交流并不多。我忙我的，他忙他的。我只是觉得儿子比以前成熟了，好像他的肩膀开始扛起保护我的责任了。是的，这是我的用意，我要把守护家庭的这份责任交给这个小男人。

再后来，儿子的学习也经历了几次关卡。每当遇到困难时，我不再像他小时候那样批评、打骂，取而代之的是肯定的眼神、关切的鼓励。

儿子在我相信的目光中茁壮成长，成绩越来越好，虽然没有小时候的成绩那么优秀，但他稳定的心态、成熟的风范让我越来越放心。我再也不担心他考到哪个大学，只要他可以成为顶天立地的男子汉就好。

下面再和大家说说这些年我得到的启示吧。

（1）降低期望。

对儿子期望太高，是我的指导师首先批评我的问题。凭什么要把自己考不上的大学梦强压在儿子身上呢？是的，我错了，他不必太优秀，他更不必为我出人头地，他只要做好他自己就好了。

（2）把目光转向自己。

我的生活曾经围着丈夫转，后来围着儿子转。他俩喜欢的我做，他俩不喜欢的我坚决不做。这样我还有自己吗？我就是木偶啊！我要改掉围着丈夫、儿子转的家庭生活。

知道了这点后，我开始把关注别人的目光收回到自己身上。我自己今天做了什么？我有哪些收获？

刚开始改变的时候，我以为老师是要我变成一个自私的人。后来实践中，我发现这个生活方式还真好。我变得很轻松，不再唯唯诺诺，我就是我！

而当我把关注点放在自己身上时，我发现，儿子也轻松了。他再也不用看我的脸色了。我天天让自己开开心心，儿子也开始怡然自得。最重要的是，他偶有闪失，再也不用内疚了。

我放松后，全家都放松了，这一点是我最大的收获。

（3）与其让儿子努力，不如我自己先扬鞭奋蹄。

曾经我以各种大道理说教，想让儿子明白“少壮不努力，老大徒伤悲”，结果儿子被我说烦了，时至今日他也最烦说教。

后来，在专家老师的引领下，我换位思考，渐渐明白，我想让儿子怎么做，不如我自己做表率。

这些年我一心研究我的面点学问，上培训班、请教名师，下了不少功夫。每当我开发出新品种，让儿子试吃时，儿子都是满满的幸福与自豪，看到了我的进步，儿子在接下来的一段时间内都是非常努力的，这个方法屡试不爽。

（4）放手让儿子飞翔。

儿子是在我的高度关注下长大的，他享受着我的百般关心与千万疼爱。后来老师的教导，让我明白了：越包办，孩子越长不好。

于是，我开始放手。放手让儿子一个人在家，放手让儿子一个人解决生活问题，甚至放手让儿子一个人去看病。

老鹰也是放手让小鹰飞翔，小鹰才能搏击长空。我们大人管孩子，为什么不能借鉴一下呢？

以上是我这个普通女人改变的故事，我再次感谢家庭教育学习给了我第二次生命，谢谢所有帮助过我的老师们，爱你们！

专家点睛

文章里的妈妈在围着爱人转、围着孩子转的过程中，渐渐失去了自我。由于这位妈妈没有自信，把自己的希望寄托于他人身上，到头来失去了爱人，也毁了孩子。其实通过学习和成长，我们可以无条件地接纳自己，不管自己做得好不好。当我们学会爱自己的时候，我们内在的爱就会充盈，爱满自溢。自然而然，我们就会把更多的爱流淌给孩子，对孩子又温柔又平和。所以我们需要树立坚定的信念，相信自己的潜力是无限的。坚信自己是有能力使自己的生活变得积极向上、丰富多彩的。只有自己强大起来，才能给孩子做好榜样。这样孩子不仅会更加崇拜家长，也会给自己注入新的能力，不断提升自己。

“怕妈妈”疗愈了

事物本身并不影响人，人们只受对事物看法的影响。

——德国著名哲学家　叔本华

故事放送

“怕妈妈”是我学习了家庭教育后，自己给以前的自己贴的一个标签。都说不能贴标签，不能下定义。然而，在我看来，乱贴标签那是对别人的不尊重，而对自己呢？对最了解自己情况的自己呢？我觉得我这个标签贴得很贴切。当然，参加了家庭教育学习多年以后的我不怕了。

这究竟是怎么回事呢？请听我从头说起吧。“怕妈妈”，怕字当头，怕是主旋律，又因为我的头衔是妈妈，这就是我生了宝宝十来年生活的标签。

十月怀胎，我生下无与伦比、玉树临风的儿子。爱不释手？那还真差不多，最后抱得我的腰都直不起来，也舍不得让儿子哭一声。“含在嘴里都怕化了”这句老话是我的真实写照。

生下他来，也就成就了我的“怕”字史。怕摔着、怕碰着、怕生病、怕耽误早教、怕发育不好，全是怕！怕！怕！

儿子上幼儿园了，怕啊，怕与小朋友不合群，怕老师不喜欢，更怕儿子生病。

儿子上小学了，怕啊，怕跟不上学习的进度，怕儿子不适应学校，怕儿子不开心。

儿子上中学了，更怕了，怕不好好学习，怕交坏朋友，怕成绩不好考不上好高中，怕不能留校。

儿子就在我的担惊受怕之中，渐渐成长起来了。真是越怕什么，越来什么。怕生病，结果是大病小病不断；怕成绩不好，结果成绩总是不尽如人意；怕老师不喜欢，结果是三天两头被请家长。随着孩子年级的升高，更是要命，出现了各种各样的问题。

2020年突如其来的疫情，更是雪上加霜，让我这个“怕妈妈”怕到了极致。面对肆虐的病毒，我是在无数个担惊受怕中度日的。怕自己和家人被感染，怕抢购不到口罩，怕买不到双黄连，怕居家网课学习质量低，怕孩子面临中考，学业受到影响……于是，“怕”字使我焦虑，甚至情绪失控，对儿子采取了高压政策。结果可想而知，儿子逆反了，厌学了。我傻了……

事已至此，担惊受怕的我更是束手无策。怎么办？爱人说，还是看看育儿的书籍，学习学习吧！于是，我开始想办法了，不仅看了无数的家庭教育书籍，还在朋友的帮助下，参加了“智慧家长课程”培训，潜心学习。在老师的指导下，我又阅读了家庭教育心理学的相关书籍。此时此刻，我终于明白了，我的“怕”来自我深深的焦虑，来自我的缺乏学习，来自自己没有坚定的信念。

前几年，有本很有名的书叫《遇见未知的自己》，我通读后又开始细挖自己，原来真的是——自己才是一切的根源。儿子的这些情况都是我这个“怕妈妈”造成的！

我的“怕”来自我深深的不安全感，也许是我一直有个不成长的小女生情结，也许是爱人不会表达的工科男思维导致我俩的沟通不畅，所以我把全部的爱一股脑地倒在了幼小的儿子身上。因为现实生活的不满足，我就成了一个一手抱儿子放不下的“溺爱妈”，一手拿着大棒，面对儿子表现不好就挥棒击打的“厉害妈”。在我的这种错误的教育下，儿子不错乱才怪呢！

我的“怕”与不安全感，还有格局不够的问题，促使我再次静下心来阅读学习。当我再读心理学家麦基写的《可怕的错觉》的时候，我又明白了相信的力量有多大。麦基在研究很多人的经历后，提出了一个概念：你看到的只是你想看到的。当一个人内心充满某种情绪时，心里就会带上强烈的个人偏好暗示，继而导致主体从客体中去佐证。

我好像明白了，“喜欢某个人或事物的时候，我们的心灵会让自己在现实中搜寻印证。然后再用这些似是而非的印证，来佐证自己的心理预期，不断强化，不断放大，最终形成一种心理定式。若是愤怒、仇恨或是怀疑时，我们就又会不断地寻找材料来强化自己的臆想，在偏执、愤怒、仇恨的情绪里，让暂时压抑的情感得以宣泄”。

很显然，天还是那个天，地还是那个地，世界就是那个世界本来的样子。生活的样子完全取决于我们的眼，甚至是我们的心。我们看到的是我们自己选择的，心里是什么样，就看到什么样。你相信一切都是美好的，那你的生活到处是阳光。你认为世界是黑暗的，那你的生活就有诸多的不如意。

好了，我知道了，所有的现实问题都是我自己怕来的，那还怕吗？怕管用吗？怕就不发生了吗？到目前为止，好像我怕的，全都发生过了！

原来一个人如果被标明是好的，他就会被一种积极肯定的光环笼罩，并被赋予一切都好的品质；如果一个人被标明是坏的，他就被一种消极否定的阴影所笼罩，并被认为具有各种坏品质。任何事情都有两面性，对一个事情的认识也无所谓对与错，只有积极和消极之分。你认为事物是积极的，你就满怀信心，充满干劲；你认为事物是消极的，你就丧失信心，一败涂地。

成功启示

厘清自己，接下来就是行动。源头还是自己，觉得自己缺乏爱与关注吗？那就自己补起来。看书、学习、上课、运动、美容，一起来吧！当容光焕发的自己在镜子中出现的时候，我知道我的自信又回来了。

下一步就是找爱人沟通，把曾经的恋爱再谈回来。我与爱人谈了相信“相信”的力量，谈了我们俩之间谁也不愿意认输的问题。无数次推心置腹的谈话，更有生活中那么多荣辱与共。我们终于找回了最初的幸福。

作家陈染有一篇文章，题目就是《你看到的只是你想看到的》。我反复琢磨品味这句话，发现现实生活的确如此。你怎样想，就有怎样的人生。是自己的担心、焦虑，使自己生活的道路越来越窄；是自己的害怕、怀疑阻碍了一切美好的开始。心在哪里，命就在哪里。让心回归，我开始改变，开始相信。我相信，我能成为积极向上的好妈妈。我相信，我爱人是个有责任担当的好爸爸。我相信，儿子是个自觉自律的好孩子。我相信一切美好从现在开始。

我改变后，最大的获益者还是我和我的儿子。因为及时的学习，我不仅树立了信念，还有效地提升了身体免疫力和心理免疫力。及时止损，让厄运远离，让家庭受益，让孩子健康成长。

我开始彻彻底底地相信了我的儿子。他一个人在家，我再也不用打开摄像头了，我坚信他能够做好自己；我再也不会查他的作业本了，我相信他会认真完成自己的作业；我也不会在他放学后假装偶遇地盯梢。慢慢地，儿子释然了，我更是如释重负。

下一步，自然是他的学习成绩缓慢回升，因为他有个永远坚信他是最棒的妈妈。

写到这里，我想送给大家一句话：用我们的心去拥抱阳光吧！无论什么时候，守住心中的那份光和热。因为在光明的世界里，黑暗中的一切都不会存在。让我们一起在光明的世界中，相信“相信”的力量，让前行路上的脚步更加坚定。

“怕”字、“急”字、面子、攀比、从众等引发了家长的焦虑情绪。心理学研究显示，负面的心理暗示会对人的心态及行为造成不良影响，甚至会对身体造成伤害。要打破墨菲定律——“怕什么来什么”的“诅咒”，就要有坚定的自信、积极平和的心态、稳定的情绪。积极的心理暗示，例如用积极的、肯定式的语言给予自己动力，对自卑感等负面情绪或不良念头等，稍有察觉，即刻打消。相信就会有奇迹！在家庭教育中，同样需要温暖的阳光，需要家长保持阳光般的心态，为孩子的健康成长提供满满的正能量。

用格局看孩子交往

生活即教育，社会即学校，教学做合一。

——中国人民教育家　陶行知

故事放送

我的女儿是在我们夫妻的高度关注下成长起来的。值得庆幸的是，小学毕业的时候，女儿顺利考入一所重点中学的实验班。激动和憧憬之余，我们又开始思考和规划女儿中学学习的方方面面。

我们认为孩子所处的周围环境很重要，一定要和好学生在一起才能学好。我们觉得女儿所在的实验班一定是一个积极向上的班集体，周围的同学也一定都勤奋好学。女儿在这样的环境里，一定不会受到坏的影响。但是，后来发生的一些状况，让我们对自己的这种观念进行了深刻反思。

记得在孩子初一暑假那年，女儿在校外辅导班上认识了一个外校的女孩。女儿和这个女孩一见如故。回到家里，女儿也会高兴地和我说起这个女孩，说她在一所普通学校的普通班，还说她性格非常好，开朗、健谈。听了这些，我却在考虑着其他问题。不知这个孩子的学习如何，她们的交往会不会对女儿造成影响……

我当时就问孩子，这个同学学习怎么样？孩子说学习成绩一般，不如她。啊？我耐着性子继续盘问："她一直在玩手机吗？你们聊天没有耽误听课吧？你们互相留微信了吗？"我连续的几个问题，让孩子似乎察觉到了什么,她有些不知所措,问我:“妈,您这是什么意思?”我解释说:“这个孩子虽然和你聊得挺好,但这只是第一次,你还没有全面地了解她。她们学校和你们的教学进程与要求是不一样的。你们面临的学习环境和压力也是不同的,可能连你们的学习目标也会不一致。你有学业目标,她未必有。人家没有太多的课业要求,时间比较富裕,所以有时间玩手机、打游戏、交朋友。你和她不一样!她和你也不一样!你和她的交往会影响你的学习的。”我的这番话说完了,也表明了我的态度——要求孩子最好不要和她有亲密的来往。

我的说法对于女儿来讲肯定是不好接受的。她非常生气,严肃地告诉我:“和谁交往是我的权利。我感觉小楠这个人不错。我们很聊得来,你们不要太‘势利眼’!”说罢,她便回到自己的房间,“嘭!”的一声关上了房门,把我和我的“说法”挡在了门外。

当时我也非常气愤,觉得自己的想法都是为了孩子好。“近朱者赤,近墨者黑”,为什么孩子就不明白、不接受呢?当时我真想闯进房间和她理论一番,但出于理智我还是停下了脚步。以后的几天里,我就这个问题和女儿又有所交流,但每次都以不愉快告终。

直到有一天,女儿从外面上课回来,给我看了几张不错的素描画,画得很好。我一直喜欢画画,也想培养女儿这方面的才能,但由于种种原因搁浅了。看到这些画,我当即表示,这画还真不错,看上去可不是一两年的功夫了。女儿告诉我:“这些画就是小楠画的,她学习画画已经很长时间了,她的毛笔字写得也不错。今天她还利用课余时间教我画画呢,还和我讲了一些画画的技巧。小楠还说平时在课余时间,自己很少玩手机游戏,觉得画画、写毛笔字更有意思,还能把作品留下来,非常有成就感。”

听了孩子的话,我又认真地看了看手中的素描画。当时,我真想对女儿说,“挺好的”“有时间多和人家学学画画”之类的话,但又担心会影响学习，就把这句话“咽”了回去。我内心的感觉告诉我这个小楠同学可能还不错，再加上这几张不错的素描画和女儿的一番介绍，让我对是否还阻拦孩子和这个普通校的小楠同学交往开始“举棋不定”。这种感受让我的内心非常矛盾，虽然这件事情算不上什么惊天动地的大事，但总是让我在思虑。我开始考虑自己的观念是不是有什么问题，是不是太狭隘了。于是我开始请教一些专业的老师，也查阅了一些有关青春期孩子交往方面的书籍。

静思感悟 学习使人进步，学习使人清醒。经过向家庭教育指导专家老师请教，通过阅读一些相关书籍，自认为很有教育经验的我深深地感到了自己在家庭教育观念方面的陈旧和格局的狭隘。

老师告诉我：“每个孩子都是独一无二的，都有自己的优点，虽然学习是他们当下的主要活动，但是学习不是他们生活的全部，孩子们有交往的权利，也有选择和谁交往的权利。”

老师还说：“作为家长不能将学习成绩作为衡量孩子的唯一标准，这样有失公平，有失客观，还会损伤孩子人际关系的发展，影响孩子作为独立个体的健全成长。再有，家长也要对自己的孩子和交往的孩子有正确的观念、有信心。合理的引导能够让孩子有自己正确的认知。家长不要为此焦虑担忧，这样反倒是不好的。”

老师的话让我醒悟，我发自内心地接受了老师的指导。回家后，我立刻向孩子表达了对于她和小楠交往的“新”想法，不再阻拦孩子和小楠交往。女儿非常高兴我能理解她，还拿出了自己这几天按照小楠教她的技巧画的几张素描。我看了连连赞赏，心想：书里说的真对，各有千秋，取长补短。孩子还向我表示绝不会影响彼此的学习，以后课余时间和她学习画画，还不用总看手机，并且说还要帮小楠把学习成绩提上去，教学相长，共同进步。

这件事情过后，孩子的学习果然没有受到影响，而且画还越画越好了。女儿告诉我小楠的学习成绩也很有进步，常常得到老师的表扬，同学的赞许。小楠非常感谢女儿在学习上对她的帮助和鼓励。

成功启示

真没想到，会有这样令人欣慰的结局！结局就在一念之间！

如果我一味坚持自己老旧的交友理念。那么，孩子天天不高兴不说，家庭关系也紧张。那样下去，孩子哪还有精神头学习。

观念狭隘、思想刻板，则前进必然受阻、成长必然留白。更新观念、解放思想、开辟大道通途，方可兼容并包，纳多方支持，获多元智能，得多彩人生。

现在，我进步了，转变了自己的教育观念和行为方式，改变了沟通方式，一切就迎刃而解了。这种提升和转变得益于好好学习家庭教育的新理念和好方法，及时避免了自己狭隘的观念对女儿健康成长、人际交往和人生格局可能产生的负作用。

我想，的确是“家长好好学习，孩子才能天天向上”。一个品德良好、努力勤奋、学习优秀的孩子，可能只是“前台”的表演者，真正操盘的是幕后的家长和良好的家庭教育体系。这些家长在学习中实践，在实践中调整，在调整中成长和进步，不断摒弃自己的一些陈旧观念，改善自身不妥当的行为方式，并逐渐扩大自己的内在格局，知行合一。从学习到实践，从实践到改变，从改变到应变，了解和掌握孩子成长发展的客观规律和心理需求，用坚定的信念，给予孩子最大的理解、信任和支持。孩子收获的是更加强大的能量场，更加广阔的人生舞台。

专家点睛

在一个人的成长过程中，人际关系的“质量”，对人生的成就有很大的影响。因此，家长要注意引导孩子树立正确的交友观。人是具有社会性的族群，孩子的社交能力、情商培养远比考满分更重要。有的家长担心孩子交上坏朋友而影响孩子是可以理解的，家长与其因担心而割断孩子与外界的接触和交往，不如积极引导孩子学会正确的人际交往。这不仅能够帮助彼此取长补短，提高学习效率，更为关键的是，孩子们能从这种良性的社会关系中获得安全感和快乐感，提升幸福指数。这也需要家长真正理解孩子、尊重孩子，做孩子的良师益友，用坚定的信念去影响孩子，助力孩子健康成长。

不用修正带可以修正的

教育就是培养习惯。

——中国现代教育家 叶圣陶

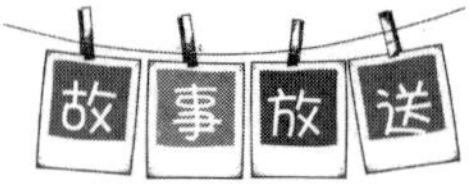

孩子们在一、二年级的时候，都是用铅笔写字，到了三年级终于可以用水笔写字了。换了书写工具，他们自然是感到新奇与兴奋的。女儿也是这样，自从上三年级开始使用水笔写字后，我就发现了她的那种新奇感。她的文具盒里一下子出现了这么多水笔、钢笔，还有修正带、修正纸、涂改液。我总会见到她写完作业收拾文具时，那种爱不释手的样子。

后来，随着作业本上错字的增加，我惊讶地发现她竟然对这种“涂涂改改”的事情乐此不疲。她不仅多次让她奶奶去给她买外形各异的修正带，还把她文具盒里那些花花绿绿的修正带展示给我看。她甚至还炫耀说，有了这些修正带，再也不怕写错字了。看来，这些修正带就是她的后勤保障了。她还让我猜谜语：脖子一歪吐白沫，勇于献身改错字。谜底就是“修正带”。她一边给我猜谜语，一边给我演示，用修正带的小尖头对准错字，轻轻一划，雪白的带条严严实实在遮住了错字。看她那眉飞色舞的样子，我真是哭笑不得。

可是随着她作业本上白色的小补丁越来越多，我感到了问题的严重性。

静思感悟

对于孩子喜欢上修正带这个问题，我不仅仅查阅资料，还去请教了老师。修正带作为一种学习用品，很轻巧，也便于携带，涂在纸上能迅速遮盖错字，可立即在上面重新书写，为学习和工作提供了方便。它的外形也是各种各样，非常美观。孩子们确实都很喜欢。然而，它的副作用也是显而易见的。无论是修正带还是涂改液，里面或多或少都含有化学物质，会对孩子身体造成伤害。如果是劣质产品，就会含有超标的苯，严重的还会导致白血病。

此外，孩子们有了修正带的保障，写错字就可以马上改正，随之做题就更加随意了。原来那种想好了再写的好习惯也不见了，取而代之的则是毛毛躁躁，想到什么就马上下笔。反正做错了也没啥大不了的，修正带一拉，立马就可以重做！他们不再经过大脑缜密地思考，对自己的要求降低了，放松警惕了。殊不知时间一长，错题就会越来越多，就只见孩子作业本上的那一块块小补丁了。孩子们马马虎虎的坏习惯就会不请自来。

孩子长期使用修正带，还会产生对修正带的依赖心理：有的孩子总是觉得自己的字难看，频繁地使用修正带。有的孩子尽管知道在错误上涂抹后，就是再写上字也会使作业更加难看，但还是忍不住想用。有的孩子没有修正带就无法写作业，非常焦虑，心里很烦躁，更容易写错。有的孩子则对自己失去了信心。长此以往，百害无利。

再有，目前包括高考在内的很多考试，禁止考生携带使用涂改液、修正带等物品，只允许使用橡皮擦。如果用惯了修正带，对它产生依赖，一旦不用就会不习惯。考试的时候，就会手足无措，带来的后果可想而知。

奥古斯丁说："习惯不加以抑制，不久就会变成你生活上的必需品了。"我要想办法帮助女儿和修正带说再见！

成功启示

学习反思后，我先把自己编写的小儿歌和女儿分享。

修正带，真可爱，我写错字你遮盖。

不环保，不健康，还会养成坏习惯。

常使用，危害大，如果这样不可爱。

认真写，细细想，还是书写正确字。

摆摆手，多保重，最好我们不见面。

然后逐字逐句地与孩子讲解。在我俩拍手唱诵后，我告诉女儿修正带可是要休息喽。于是，孩子把手中的修正带全部上交，让我来监督她。经过全家人一起努力，再经过一段时间的坚持，女儿再也不用修正带了。

那么，如何帮助孩子戒掉修正带呢？我想作为家长一定注意以下几点。

（1）积极沟通，达成共识。

我先带领全家人一起阅读修正带的说明书，了解其成分，再了解所含物质的信息，知道修正带的毒性，认识到它是不利于孩子健康的。再帮助孩子学会一些使用修正带的常识，比如使用后要洗手，不要误食，等等。我让孩子知道使用修正带是不利于养成良好的行为习惯，并进一步明确地告诉家人们，在考试中，是不允许使用修正带的，使用修正带会有作弊嫌疑，影响成绩，影响升学，后果会很严重。最后全家人统一思想，就不会出现教育不一致的现象了。于是很顺利地帮孩子摆脱修正带的干扰。

（2）帮助孩子消除焦虑情绪。

不让孩子使用修正带，孩子难免会担心作业出现错误时因涂擦不干净，作业的干净整齐度受到影响。家长对孩子的担心要表示理解，告诉孩子只要认真书写，减少错字，就会减少使用修正带的次数，没有错字，就会告别修正带。这样就会鼓励孩子树立远离修正带的信心，减少孩子的抵触心理。

（3）家长的榜样作用。

家长自身从来不用修正带，并能展示出自己写得好的文稿。可以利用孩子好胜的心态和孩子比一比、赛一赛。看谁不用修正带就能写出很好的文字。

（4）认真审题，想好了再落笔。

每一次写作业之前都要努力克服紧张情绪，从容面对。因为越着急越容易出错。只有稳住阵脚，在良好的心理状态下才能做到有条不紊。从题目开始，认真审题，读好每一项要求，抓住题眼，想好每一步都要做什么。然后一笔一画，认真写好每一个字。这样就会减少使用修正带的次数。

（5）耐心鼓励，积极引导。

一下子不让孩子用修正带，刚开始的时候，孩子难免有些不适应，遇到写错的情况，会不知所措。家长不要担心，要有耐心，有坚持的信念，相信孩子一定会逐渐改正这个坏习惯。如果孩子没有使用修正带，面对他的进步要及时给予恰当的鼓励，激励孩子彻底告别修正带。

（6）合理建议，树立信心。

积极采取一些措施，比如，孩子的作业或试卷中出现错字，建议孩子使用修改符号进行标注。不断帮助孩子树立信心，坚信自己是一个独立的小学生，有能力很好地完成作业，坚信自己不使用修正带也一样可以做好作业。让孩子自己对修正带摆摆手说：“再见了，修正带！曾经的小帮手，你还是休息休息吧，写好作业，我能行！”

其实，在教育孩子的过程中，家长会遇到很多的问题。只有家长细心观察，抓住问题的根源，带动孩子坚定信心，才会及时解决问题，帮助孩子不断进步。

专家点睛

教育本身就是一场需要信念的活动。在家庭教育中，如果家长生硬地命令指责，往往会造成孩子的厌烦和逆反。当家长树立了坚定的信念，就能够敞开自己的心扉，开动自己的头脑，更新自己的思想，拓宽自己的思路。文章中的家长发现孩子的问题后，先了解孩子的动机，使用修正带可以避免作业出现错误。然后积极想办法，通过积极的肯定与鼓励，使孩子树立起一个积极的心态，相信自己不使用修正带也能写出整洁的作业，逐渐改正了坏毛病，养成好习惯。这就是信念的力量。

从“卧底”到“三比”

每个孩子都是一个完全特殊的、独一无二的世界。

——苏联著名教育家　苏霍姆林斯基

故事放送

我的女儿以第一名的好成绩考入了理想的初中，而后的学习成绩在班里也一直名列前茅。我也十分自豪，总在憧憬着女儿美好的未来。如果她能够考一个好大学，找一个好工作我就心满意足了。于是，我对孩子也时时处处严格要求。对她的功课就更不必说了，我总希望好上加好，门门都是满分才好呢！

可就在女儿初三那一年，还是出现了一些状况。有一次，她的月考成绩很不理想。尽管班里不排名，但是我想尽一切办法知道了她和同学们的成绩。本来是想找找问题的，谁曾想，这并没有带来什么好处，随之而来的是压力和焦虑，孩子接连考试失误。面对着孩子考试的失误，我更加焦虑与气愤。在学校里我强压怒火，回到家里一场战争终于爆发了。

一天放学后，我拿着孩子的成绩单，指着坐在写字台前沮丧的孩子大发雷霆：“你看看人家A同学、B同学，入学考试的时候，都在你后面。你看看现在，你这是怎么啦？退步得这么厉害？……”正在我俩为此争论不休的时候，孩子爸爸回家了。他问明了事情的经过，冷冷地对我说：“你是‘卧底’吗？”“什么？”我疑惑地望着她。“对，你是‘卧底’吗？你是别人家派来的‘卧底’吗？是A同学家，还是B同学家派来的？你在替别人家孩子说话，来打击自家孩子的吗？”“啊……”我一下子无语了。“是啊，我难道是别人派来的‘卧底’吗？是来打击孩子的吗？”孩子爸爸的一句话点醒了我。看着孩子那委屈的表情，我陷入了沉思……

静思感悟

我开始反思：“我这是怎么啦？都做了些什么呀。”在孩子面临初三压力的时候，我不但没有去帮助孩子，却让自己的焦虑情绪影响了孩子。我为了自己的面子，面对孩子的成绩下滑，不去分析原因而是大加指责，发泄自己的情绪。我是一个多么自私的妈妈呀！我难道真是别人家派来的“卧底”吗？听起来这句话好像有点刺耳，但反过来想想也不无道理。此时此刻的我，应该与孩子站在一起，做她的坚强后盾才对呀！要用心陪伴孩子才对呀！怎么被一时的急躁情绪冲昏了头脑，如此打击孩子呀？哎！……

带着愧疚，我坐到了书桌前。我随手翻阅着自己忙碌中没有来得及阅读的书籍。我开始细细地品读着、思索着。一位位教育家的名言在我脑海中回荡着，一个个教育故事在我眼前浮现着。每个孩子都是独一无二的。他们性格迥异，情感不同，或温和，或顽皮，或开朗，或细腻，完全没有可比性。家长要看到孩子的成长过程，让孩子自己和自己比，自己和自己的成长过程比，这样每天就会进步。是呀，我为什么要跟别人家的孩子比呢？我真是一个糊涂的妈妈呀！

家长是需要学习的。在不断思考中，我走进了“智慧家长课堂”，如饥似渴地学习着。

老师的话语又一次让我醒悟：原来，作为家长的我们主观的愿望是通过比较来激励孩子，好让他知道自己的不行，希望自己的孩子向其他孩子学习，发奋努力，加快进步的步伐。本来我们是希望其他孩子的优点能够集中到自己的孩子身上，可是比较后结果却适得其反，那是因为孩子们最不愿听到的一句话就是：“你看看谁谁谁，怎样怎样的优秀！！！”这不但不能激发孩子的动力，还使得孩子更加痛苦、自卑，不仅憎恨家长，而且讨厌对方的孩子，不仅伤害了孩子的自尊心、自信心，还会使孩子起了嫉妒之心。

在不断学习中，我知道了：在每一次比较中，心中不悦的是父母，受伤害的是孩子。每个家庭中孩子的成长环境是不同的。孩子接受事物的能力也不同，再加上孩子的天性不同，又怎能在我们的比较中健康成长呢？是呀，不能再拿自己的孩子和别人家的孩子比了，这是对孩子极大的不尊重。这样就会让孩子觉得自己真的“不行”了。

在学习中，我懂得了：每一个孩子都是独一无二的，就像世界上没有两片完全相同的树叶一样，即使双胞胎的孩子也是各有千秋的。无论是长处还是不足，不要随便拿自己的孩子与别人家的孩子作比较。在孩子的成长中，尽管会出现一些不足：或许孩子学习成绩不好，或许孩子性格不好，或许孩子表现没有达到预期，等等。那只能说明我们暂时没有发现孩子真正的天赋所在。每个孩子都有各自的优势和潜力，永远不要将常规的标准套在孩子身上。人生的价值与成功没有标准，走向成功的路也不止一条。当父母介入其中，将孩子束缚在一条不适合他的路上时，孩子可能永远也到不了成功的终点和幸福的彼岸。如果家长一味将自己的孩子同别人家的孩子比，孩子的信心从哪里来？

我就是在和别的孩子比的时候，怕自己的孩子考不好，不如别人，结果越怕什么，就越来什么，这不就是“墨菲定律”吗？父母的关注和肯定对孩子的影响巨大，焦点放在哪里，哪里就会有成长。为什么不学习一下“皮格马利翁效应”，给孩子信心，坚信她一定行呢？为什么不用自己坚定的信念去影响孩子，带动孩子树立坚定的信念，给孩子鼓励呢？

再有，如果真要比，一定记住要“学会三比”：自己跟自己比，今天和昨天比，这次和上次比。再不能比孩子了，还是比比父母吧。父母一定好好学习，尽快进步，给孩子做好榜样！

成功启示

在不断地学习中，我努力做到了自我改变，努力做一名优秀的家长。不断地给孩子鼓劲儿：“天生我材必有用！如果做不了太阳，就做星星，做那颗闪闪发光的星星；做不了大树就做小草，做那美丽的小草来装点大地；做不了伟人，就做好人，做一个对社会有用的人。”这样逐渐帮助孩子树立了自信。

孩子看到了我的改变，脸上也绽放了笑容，学习的劲头更足了。我也被孩子称为“努力学习不断改变的好妈妈。”孩子爸爸也夸赞我是一个“善解人意、懂得尊重”的好家长。

听到他俩的赞扬，我也更加坚定信念，努力地学习，不断地更新家庭教育理念。现在，我在传播现代家庭教育理念的过程中，积极呼吁广大家长一定不要再拿自己的孩子和别人家的孩子比较了。家长一定要尊重孩子，眼里有孩子，心中有智慧！

身为家长，我们要时常提醒自己，孩子是独一无二的，孩子的每一点进步都值得我们欣赏；看到孩子的努力与进步一定要鼓励他们，引导他们树立坚定的信念，相信自己一定行，努力将他们的优势发挥到极致。

专家点睛

在生活中，许多孩子心里最讨厌的就是家长总提别人家的孩子。原因就是，许多家长总是认为别人家的孩子好，总是本着都是为你好的心态，拿别人的孩子给自己的孩子做榜样，企图刺激、鞭策孩子。结果却适得其反，时间久了孩子就会产生一种自卑或者缺乏自信的自我评价，产生逆反与抗拒。其实人与人之间本没有优劣，只是不同而已。家长一定要引导孩子“学会三比”：自己跟自己比，今天跟昨天比，这次跟上次比。而家长自己要跟别的优秀孩子背后的家长比一比，孩子纵向比，家长横向比。毕竟每个生命都是独特的，家长要把自己的孩子当成别人家的孩子客观看待，保持对孩子的一颗平常心，帮助孩子努力成为最好的自己。

PART 4

陪伴成长是真爱

在当下快节奏的生活中，家长们通常会受社会某些现象的影响，例如不想让孩子输在起跑线上，这就是心态急躁的表现。家长心太急，往往就会造成教育观念偏差和教育方法不当，导致孩子的身心出现问题。因此，家长要调整心态，把操之过急的心静下来，把只盯着孩子成绩的眼睛转移到自己身上来，重新审视自己，重新反思自己，变跟孩子“急”为跟自己“急”，跟自己的成长“急”。用心地去学习，无条件地接纳孩子，用温暖去陪伴、呵护孩子。每一个孩子都是独一无二的生命个体，他们有各自的花期，都会适时地绽放。作为父母要像种庄稼那样，做到关注孩子的生理、心理、智力发展状况，遵循规律，遵守时节。缓慢优雅才是真教育。陪伴孩子成长，只有慢下来才能和孩子同一个步调，只有慢下来才能和孩子一起领略不一样的风景。

家庭公约，让暴躁的家温馨起来

人生百年，立于幼学。

——**中国近代教育家　梁启超**

故事放送

作为母亲的我，在看着儿子渐渐长大的同时，不知为何出现了很多困惑：孩子为什么就不能好好学习呢；我简直无法理解他的行为，他的脑袋里到底装了什么；我说向东，他偏要向西，他为什么就不听话呢……

在我家里，一点点小事都会引发一场大战。这到底是怎么回事呢？真是令人百思不得其解呀！

有一天中午，儿子正在看动画片，我对他说：“咱们去午睡吧。”他坚持要再看一会儿。我耐着性子答应了他。谁知又过了十分钟，他依然一动不动坐在原地继续看他的动画片。我强压怒火，对他说：“你到底睡不睡觉去？再不去，我就关掉电视啦！”他还是照样软磨硬泡，“我再看一会儿，就一小会儿，还不行吗？”“我都说了几遍了，你等一会儿，等一会儿的，等了多长时间了？”“我不！我就不！”看他还在那嘴硬，我顿时火冒三丈。噔！噔！蹬！我几步冲了过去就把电视关掉。然后对他喊道：“马上午睡！再不听话，以后再也别看了啊！”我本以为他得乖乖地走进卧室。没想到他竟然突然大爆发，使劲儿把电视遥控器摔了出去。“啪！”的一声，遥控器被摔得粉碎。他这一摔，我当时都怔住了。我呆呆地看着他。他涨红了脸，一边哭，一边跑到卧室，用力锤着床头……

这到底是怎么了？他为什么会发这么大的脾气呢？看着地上散落的遥控器，耳边传来他的哭声。本来点火就着的我，这次却安静了下来。我不停地问自己：这是为什么？为什么？……随后，我拨通了儿子老师的电话。在我们一阵的长谈后，老师告诉我，家长一定要静下心来去学习、去提升，还是先在自己身上找找原因吧！

第二天，我把事情的经过以及自己的困惑与家庭教育指导老师进行了交流。

老师说了一句令我震惊的话："孩子就是大人的影子啊！" 啊？我无语了。儿子小时候的事就像过电影一样浮现在眼前。他3岁的时候，我因为跟他爸爸吵架，发了脾气，曾经使劲儿地把苹果手机摔得粉碎。6年以后，他竟然完全复制了我的行为。

看来老师们说的是对的，我还真得静下心来开始学习了。通过系列"智慧家长课程"的学习，我的收获真是太多了，进步也非常大。一些困惑都在这里找到了答案。原来孩子的问题就是家长的问题。解铃还须系铃人，问题在自己，那就从自己开始吧。我一定要认真学习，找到问题，解决问题。

在接下来的学习中，我知道了，父母不要只关注孩子的行为，更要关注孩子的心灵。父母应该走进孩子的内心世界，尊重孩子的心理成长规律。我只是困惑于事物表面的现象，没有深挖问题产生的原因，没有走进孩子的心里。这还是自己学习得不够，认识得不够呀！我了解到：我的孩子正在经历他人生中的第二个反抗期，这个时期最大的特点是挑战权威。此时，他的行为表现是因为不能看电视而发脾气。而他的真实目的是想要寻求权利，不愿被家长控制。孩子之所以这样，是被追逐权力的父母激发起来的。智慧的父母有责任改变这种气氛，适时地退出权利之争。父母可以跟孩子就解决问题的方法进行一对一的讨论，以相互尊重和理解的态度进行沟通，从而找到双方都满意的解决方案。而经过沟通和协商达成的解决方案，孩子是乐于遵守的。

我也暗自庆幸这一次事件的发生让坏事变成了好事，使我在家庭教育的道路上找到了正确的方向。

成功启示

在学习家庭教育知识后的日子里，当我再次面对儿子发脾气时，不会以更大的脾气回击儿子，而是选择退出。因为学习后我知道了，不知道怎么做时，先不做，静下来。当我静下来用心思考时，问题倒是出现了转机，向着积极的一面发展了。

当儿子又一次发脾气时，我默默地在客厅里做家务，并没有跟他交流。我的淡定却让儿子坐不住了，只见他不时地偷瞄我，观察我的反应。我照样做着自己的事情。过了一会儿，他从玩具堆里走出来，在我跟前转了一圈，我还是没有跟他说话。又过了一会儿，他终于站在我面前，我主动引起话题，我问他："你是有事儿要跟我说吗？"他说："妈妈，我错了。""你错在哪儿了呢？""妈妈，我觉得我不应该发脾气。""那你为什么要发脾气呢？发脾气以后你觉得开心吗？""我不开心。""那以后再遇到这样的问题，我们该怎么办呢？""妈妈，以后我们按照咱们的约定做，好吗？"这里补充一句，在学习家庭教育知识后，我认真地反思，召集全家一起开会。我首先反思了自己在家里遇事情爱发脾气的坏毛病，表示今后改正的决心，而后全家人一起制定家庭公约。我们全家人都按照家庭公约认真执行。从那以后，儿子真的没再这样发过脾气。

面对孩子发牛脾气的时候，我没有和他对峙，而选择了冷静。我的态度跟以前比有了很大变化，儿子起初肯定是惊讶。惊讶之余，我猜他也许在纳闷父母情绪的变化。我的情绪态度的缓和，也改变了孩子的心态，渐渐地对抗就减少了，他才有机会反思他的行为，才有了他的道歉。这一次，我做对了。这才是缓慢优雅的教育。我为自己的冷静与包容感到自豪！我更为自己的能力提升点赞！就像专家老师说的那样，家长好好学习，孩子天天向上。好的教育包含方方面面：身教重于言教、情感理智相融、教育是快乐的、关系重于说教、教育结合生活、好教育重时机、教育是个系统、教子贵在遵循规律、激励胜于苛责、良好的家庭教育是宽容和等待。看来，我需要学习的还有很多很多啊！今后自己还要朝着以下几方面去努力。

（1）建立温馨和谐的家庭气氛。

教育离不开好的环境，家庭是孩子成长的摇篮，良好的家庭环境对孩子有着潜移默化的影响。

首先，处理好自己和自己的关系。加强学习，关注自己的内心，保持好缓慢优雅的状态。一定要调整好自己的情绪，遇事先解决情绪，再解决问题。

其次，要搞好夫妻关系。我和爱人的关系好了，家里的氛围也和谐了，每一个人都会心情舒畅。夫妻之间要平等尊重、相互信任、沟通理解、相互关心照顾。父母经常吵架甚至打架，父母不孝敬老人，这些行为都会影响孩子的智力和品德。

再次，要处理好亲子关系。孩子的内心世界是丰富而复杂的，他们的内心世界，更容易受外界事物的干扰。无论多么微小的事物，都会触动他们敏感的内心。父母在呵护孩子身体的同时，更应该了解孩子的内心。我要用心走进孩子心灵，尊重他，接纳他，陪伴他，引领他。

（2）加强学习，做好自己。

有句话说，家长做对了，孩子才优秀。那么如何做对呢？唯有不断地学习，不断地成长。家长积极参加家庭教育学习后，理念更新了，内心逐渐强大了，格局放大了，认识事物的本领也提高了，心态自然会发生转变。家长只有掌握了家庭教育问题的解决方法，正确地看待孩子，用心走进孩子，用心去感知孩子丰富的内心世界，才能更好地助力他们健康成长。

儿子，漫漫成长路，妈妈愿意陪你一起走！

专家点睛

随着孩子的慢慢长大，家长会遇到各种各样的问题。如果你眼中看到孩子出问题了，请思考，那是谁的问题？谁制造出了一个有问题的小孩？你在孩子身上看到的问题，其实就是你自己的问题……孩子是家长的镜子。因此家长想要什么样的孩子，现在就要做什么样的家长，着急不仅不能解决问题，还容易带来一系列更大的问题。人在遇到问题着急的时候，更不容易控制好自己的情绪，怎么办？记住缓慢优雅是状态。家长只有通过不断的学习和实践，提升内心的智慧，保持积极乐观、平和淡定的心态，在孩子面前展现出良好的姿态，才能走进孩子的内心，让教育回归本真。

家庭教育之“治未病”

父母要承担起抚养教育子女的责任，就必须具备教育子女的科学知识，这是由教育的目的和任务所决定的。

——**英国社会学家、教育家　斯宾塞**

故事放送

那是孩子刚刚上大学时发生的故事，这个故事改变了我，甚至也改变了我的孩子和整个家庭。

一天，一位大学二年级的孩子给我打来电话。他是我好朋友的孩子。他的家在外地，父母不在身边，我也总是抽空去关照一下这个孩子。这时只听电话那边传来他急切的声音：“阿姨，我已经有两门功课挂科了，我一直不敢和妈妈说这件事，我该怎么办呀？……”“别着急，我俩见面先聊聊，看看到底是什么情况。”我马上和孩子见面询问孩子的具体情况。在交流中我发现挂科是当今大学校园的普遍现象。许多大学生在睡觉、追剧、吃零食、玩手机、打游戏中挥霍着父母的辛苦钱，浑浑噩噩度日。有人描述大学的四年就像鲁迅的四本书：大一《迷茫》、大二《彷徨》、大三《呐喊》、大四《伤逝》。

和这个孩子谈话后，我陷入了深深的思考。如果一个孩子找不到自己的人生目标和方向，难道不是在漂泊流浪吗？何谈未来？此时，自己的女儿也是一个大一新生，她将如何度过她的大学生活，走好人生之路呢？作为家长该如何陪伴孩子健康成长呢？

静思感悟

带着这些困惑与疑问，我向专家老师们求教。从此，作为一名有 30 余年教龄的小学老师，我开始了家庭教育的系统学习，这一学便一发不可收拾。

在学习初期，“为什么要学习？我到底要干什么？”是我在学习时常常问自己的问题，也是家人一直在问我的问题，更是周围朋友们的疑惑。大家都认为孩子都上大学了，为什么还要学习？生活中确实也有不少家长，在孩子高考前之前，常常对孩子说，坚持一下吧，熬过去这段时间，你就解放了。或者互相安慰，孩子上大学了，咱们做家长的就轻松了。好像学习只是为了高考。以至于许多孩子考入大学后，感到迷茫。于是就出现了这样那样的问题。

出现这些问题，作为家长的我们是否反思过问题的根源？是否反思自己在教育孩子过程中出现的问题？

记得有一位智慧课堂的老师说：“光明的世界里，黑暗的问题原本就不存在。”家庭教育指导中心的专家老师也谈到，我们很多家长在教育孩子的过程中有着这样那样的问题，这些问题都源于家长自身的不学习、不改变。我想，家长唯有不断地学习，努力成为自己的教育专家，才能够生活在光明的世界中，那么这些问题也就会迎刃而解。

在 42 天的跟踪学习后，我最想用“播种希望、收获成长”这两个短语来概括此时的心情！因为在这里我找到了答案，是学习让目标更加清晰，脚步更加坚实！在这里我经历了“观念周、信念周、智慧周、坚持周、改变周”的 42 天跟踪学习，其中为期两周的“坚持周”让我更加感受到坚持的力量。我每天坚持自我反省，坚持对知识点进行积累与实践。时常思考自己学了多少？真正做了多少？又坚持做了多久？知行合一的坚持中，我努力做到一天一个变化、一周一次沟通。在这个过程中，我不仅对家庭教育指导工作有了深入的理解，还体验了作为被指导学员的心理感受，收获了自身体验、自我实践和自我成长的经验！

成功启示

一路走来，我参加“智慧家长课程”的学习至今已经是第五个年头了。如今，朋友的孩子在我的鼓励和正确方法的引导下，已经顺利毕业，成为了一名公务员。他的妈妈也不断学习成长着。我的家庭也成了学习型家庭，孩子大学四年里飞速成长，取得了优异的成绩。

下面我就向家长朋友们分享几点做一名榜样型家长的心得体会。

（1）以身作则。

最好的教育是以身作则。当家长把学习看作终生的学习，是自身成长的需要时，孩子就会像家长一样，热爱读书学习。每当爱人在赞叹鼓励我，人到中年还继续努力读书，而不是热衷于追剧、跳广场舞时，女儿的学习劲头也更足了。

（2）转变观念。

智慧家长课程的老师说过：“我们不为走到，因为永远走不到。我们只有悟道，因为一悟就到。”悟道即得到，潜意识的改变就此开始。在不断学习中，我认识到，改变观念从改变自己开始。做智慧家长要在管理好自己的基础上，再处理好夫妻关系、亲子关系，渐渐地体验到家和万事兴的幸福。

清华北大不如心大，复旦南开不如心开，牛津剑桥不如心桥，哈佛斯坦福不如积福！我们的心念变了，一切都变了。在我的带动下，孩子种下梦想，健康成长。

（3）积极践行。

传统文化中提到智慧的来源为：闻思修。在学习提升的过程中我们就需要善于“闻”，即多上课、多读书；勤于“思”，即不断思考；精于“修”，即实践与付出。

这是一个“知识”转化为“智慧”，从“量变”到“质变”的过程；这是一个从“改变观念”到“改变行为”的过程；这是一个从“知道”到“做到”的过程。

在这里我聆听了许多专家老师的精彩课程，得到了理论的提升。每一次公益讲座，都给自己注入了新的能量。我还努力做好家庭教育志愿者，不断学习体验，努力做到理论与实践相结合。我利用业余时间读书学习，开拓自己的视野，在书本中学习，与专家学者对话，汲取他们思想的精华，还通过网络学习不断丰富自己。

用生命感动生命，以行动带动行动，把爱传出去，把幸福带回家！不断学习成长，做智慧家长，我永远在路上！

专家点睛

孩子是花，父母是根。一盆鲜花摆在人们面前，大家就会认为花就是花，漂亮的花和埋在土里的根没有关系，似乎花朵不需要根为其提供养料和水分。殊不知：没有肥沃的土壤和根系，哪来花朵的争奇斗艳。如果想引领孩子，家长只有与孩子站在同一层，甚至更高层，才能真正引领、托起孩子的明天。请您记住，父母对于孩子最好的教育，永远都是自己不断成长。

自闭症儿子让我学会了当爸爸

人类教育最基本的途径是信念，只有信念才能影响信念。

——俄罗斯教育家　乌申斯基

故事放送

我是一个孤独症谱系障碍孩子的爸爸。记得儿子出生的那一刻，我兴奋不已。我抱着儿子仔细端详着：啊！一头浓密的头发，圆圆的小脸，浓眉大眼，高鼻梁，长大一定是一个英俊的帅小伙儿……

可是，随着儿子渐渐长大，我发现怀中的儿子与别人家的孩子不一样。儿子和我们家里人不是很亲密。不管别人怎么逗，他就是没有反应。他喜欢反复做一个动作，有时一边不停地吮吸手指，一边发呆。他不喜欢与人交流，听到一个响声，就去寻找声音，并一直盯着发声处不动。我要是把他的玩具变了位置，他就躁动不安。听到屋外传来异样的声音，他就双手捂着耳朵皱着眉头，吓得不知该往哪里逃避。他还总莫名其妙地大笑或大声喊叫，甚至还无缘无故地哭闹。

儿子的到来，改变了我们的生活，打破了原来的平静。我和爱人之间也相互埋怨。她怪我忙于应酬，不管孩子。我觉得她没有尽到做母亲的责任。后来我发现，我俩一争吵，儿子就堵着耳朵往墙角里钻。

儿子学会说话比其他孩子晚很多。大概 3 岁多，他才会说话。可是，等到会说话后，又总是鹦鹉学舌。我说："你要听话。"他也说："你要听话。"我的天！怎么会这样？起初，母亲劝我说，孩子很可能是性格内向，大了就好了。但事实并非如此。我们俩带着儿子做了检查，最终确诊是孤独症，也就是自闭症。这是一种先天性疾病，是一种在社交技能、认知和交流等多方面存在障碍的发育疾病。

看着孩子的诊断结果，我的头都要炸了，但还要安抚身旁泪流满面的妻子。我都不知道我们是如何走回家的。之后几天时间里，我们都是垂头丧气、相视无语。儿子好像感觉出了什么，围着我俩疑惑地转来转去。望着儿子天真的神情，想着孩子今后的路要如何走下去呢？我想，他是在教会我什么吗？难道这是上天派来的天使，助我修行的吗？对！不要倒下，振作起来。我要开启我和儿子的人生之路。

静思感悟

我在带着儿子求医问药的过程中，渐渐对这个疾病有了正确的认识。它并不像其他疾病一样治疗几个疗程就会痊愈。一旦确诊这种病后，对他的干预训练将伴随终生。孩子未来的道路取决于家长付出的努力。家长一定要有切合实际的目标和期望，悲观失望和过于期待都不可取，一定要实事求是、积极面对。

说实话，我常常想，如果这是一个普通的孩子，我可能不会过多关注孩子的教育问题。现在，有了孩子以后还没明白怎么回事的大有人在。我不认为我会是个“例外”，但是现在的情况我接受了，我不得不花很多心思在这方面，久而久之责任感增加了，耐心增加了，爱也增加了………

在带着孩子进行康复训练的过程中，我感到包容、接纳、陪伴是需要爱心、耐心、恒心的。这是一条艰难而又充满爱心的康复训练之路，也许这条路将伴随我一生，但我也要坚定地走下去，因为这是生命的力量在呼唤。我一定要挖掘他的潜能，努力为儿子找出一个人生的出口，赋予他成就精彩人生的能力。

成功启示

随着儿子的成长，我也逐渐成为一个勇于承担的父亲。在接纳、陪伴与坚持中，我收获了他的不断进步。这里也要感谢所有帮助过我们的人。大家的支持与鼓励，陪伴我们坚定地走下去。

记得孩子的班主任告诉我，假期里，她遇见一位心理专家老师，请教了关于孤独症的问题。她说有研究表明，益生菌能够帮助孩子改变肠道菌群，而肠道菌群失调与神经系统疾病密切相关。老师建议我可以在家给孩子自制无糖的酸奶，如果孩子不爱喝，就适当加些蜂蜜。老师特意叮嘱我，别偷懒，一定要坚持天天做！于是，我兴奋地告诉爱人，立刻实施。老师又向我们介绍了绘画疗法以及一些相关的成功案例。我们就这样如饥似渴地学习着。在我们坚持不懈地努力中，我们欣喜地看到了儿子的进步。我想这珍贵的进步源于以下几点。

（1）夫妻恩爱共同面对。

面对问题，家人之间相互埋怨，不仅不能解决问题，还会相互伤害，更加不利于孩子的健康成长。夫妻双方要团结起来，调整心态，共同面对现实，努力创设一个和谐温暖的家庭氛围，让孩子感到温暖，感受到父母的爱。

（2）勇于接纳用心去爱。

孩子的问题，家长要坦然接受。不要顾及自己的面子，顾及周围人怎么看自己和孩子。关注这些既毫无意义，也不利于解决问题。家长要坦然接受现实，全身心地去爱孩子，面对孩子怪异的举动，用温和的语气教育他，用平静的心态去接纳他。他发脾气的时候，家长先不要去理睬他，可以用手轻轻地抚摸他的头，或者轻轻地拍拍他的肩膀，努力让他慢慢静下来。让孩子感受到家长的爱。

（3）严格要求不迁就。

提高孩子的学习品质和技能，但在他情绪不佳、完全不配合或不投入的时候，要更加关注孩子的情绪，积极疏导他的情绪。但我们不会因为他是一个特殊的孩子，就放松对他的要求，一味迁就他、溺爱他。我会告诉他，不是你的智力有问题，而是你的努力还不够。我们最喜欢你努力的样子。

孩子的一点点小进步都是弥足珍贵的，每当看到孩子的进步时，我们都会及时给予鼓励，并感到由衷的欣慰。

（4）积极沟通。

经常和老师沟通，了解孩子在学校的表现。与老师沟通教育理念是帮助孩子的重要方式。我们把在康复机构的训练情况向老师介绍，把他在校的表现也如实地反映给负责康复训练的医生，从而更好地制订个性化训练计划，并按照训练计划循序渐进地进行。

（5）树立正确的信念。

对自己的孩子充满信心。相信自己的孩子一定能够逐步康复。对自己的孩子要有恒心，有耐心，坚持不懈地教育引领孩子。

有的时候，由于环境等原因，孩子的病情会有反复。我告诫自己，放平心态，不要总是想着付出后的回报。种瓜得瓜，种豆得豆。不忘初心，全力以赴，去充分发掘孩子的潜能。当自己心平气和地继续去做这件该做的事的时候，意外的惊喜总会出现的。

前几天，班主任告诉我，儿子早上进教室会向老师问好了，他和其他小朋友坐在一起也没有影响到他人了，能和班主任老师交流了……

听了老师的介绍，我十分兴奋，孩子能有今天，个中滋味只有我们夫妻能体会。这里饱含着付出的艰辛和收获的喜悦……同时，我更感到，培育这样一个特殊孩子将来还会遇到更多的难题。我们还要多多学习，努力在儿子的成长之路上不断探索。

感谢儿子让我学会做爸爸。

专家点睛 当一个家长面对自己的孩子是一个特殊的孩子时，从最开始的震惊、拒绝、绝望、内疚，到最后的接受是有一个过程的，这是可以理解的。家长的态度决定孩子的状态。因此，家长要尽量平静面对现实，认真听取专业人员的合理建议，考虑孩子的教育和以后的发展问题。首先要做到的是接纳和包容。家长接受孩子的不完美，并学会站在孩子的角度去看他的行为，尽力帮助孩子克服障碍，发展潜能。只有家长永不放弃，全身心投入，不断更新理念，科学施教，孩子才会在不经意间给家长带来惊喜。读了这位爸爸的成长故事，相信大家都能得到启迪。

适度，解决当下

成功等于30%的才能加上70%的人际关系。

——美国心理学家　卡耐基

故事放送

我的女儿今年上初中，性格开朗，学习努力，尤其是同学关系相处得真可谓“愉快”。

我们和孩子出去，总能看到她和许多同龄人热情地打招呼。问她是谁，她也说不清，有的是她的学校同学，有的则是她过去在课外班学习时认识的朋友，这些孩子看到我们基本就是“叔叔 ，阿姨”地主动问好，非常懂事、可爱。

看到这些我很欣慰。其实女儿变成现在这样不是一蹴而就的。刚上小学一年级时，女儿曾经因为自己的同桌而烦恼，甚至有不想交朋友的想法。

那时刚上一年级，她在班里表现得中规中矩。老师们对她的印象也很不错。开学一个月，让我印象最深的是橡皮用得“太费了”，严重时连续两天都要带新橡皮。今天是橡皮，明天是尺子，反正就是各种找不到。我们实在是按捺不住了，就质问孩子：“你为什么总是丢东西，如此丢三落四？”孩子委屈地告诉我们，橡皮和尺子都被同桌拿走了。我们问女儿原因，孩子说她也不知道，只是每次同桌都说是借用，但是后来就不再归还了。

我们鼓励女儿找同桌要回来，那孩子却说找不到了，弄得女儿也没办法。女儿很委屈纠结，也很生气，最后弄得一上学就有情绪，不想见这个同桌。

我们作为家长挺理解孩子的心情。孩子小，遇到不讲道理的事，还真不知道怎么办。其实我听了这事，心里也挺气愤。由于自己以前听过一些家庭教育的课程，本着自然相处的理念，觉得还是让她们先自己处理吧。于是，我告诉女儿，如果以后她再找你借，你就先不要给她了。女儿点头答应。

过了几天，孩子回家告诉我们，今天她的同桌又找她借尺，她对同桌说，不能再借给他了。结果她的同桌直接就抢走了她的尺子。于是，女儿找到了班主任，老师批评了那个女生，并且要回了尺子，女儿的情绪得到缓解。作为家长，我们也希望不会再发生这样的状况。

可是，事与愿违。几天以后，更加严重的事情发生了。一天下午，女儿放学到家以后，情绪就非常反常，鞋也没换就走进了客厅。她把书包狠狠地扔在沙发上，水壶重重地摔在茶几上，气哄哄地把自己也扔在沙发里。我急忙走过去问女儿发生了什么事情？孩子一边含着眼泪，一边大声说："今天，我的水壶掉在了地上，同桌把我的水壶踢来踢去，而且她还用皮筋弹我和另外的一个同学的脸，差一点儿皮筋就碰到眼睛了。更可恶的是今天下午的数学考试卷子，我明明写对了那个空，她硬是把我的答案涂掉了，然后就直接传给了前面的同学，我都没有办法再填上，气死我了！"

我知道女儿在学校是个守规矩的学生。我相信她所说的一切，我听后也十分气愤。这件事影响了孩子的安全感和学习的情绪，触及了我的"底线"。我立即做出反应，坚定地告诉孩子："这件事情，爸爸来解决！"我暗自决定明天一早，和孩子一起去找老师、找学校领导好好"解决解决！"一场"恶战"正在酝酿中……

值得庆幸的是，气愤过后，望着女儿的背影，我坐到了书桌前，静静地思索起来。不，不能太过于急躁，先冷静一下，冲动是魔鬼，还是让理智回来吧。我想起了曾经指导过我的一位家庭教育指导专家老师，还是先向她求救吧。

静思感悟 一个电话打到了家庭教育指导教师那里，我强压怒火把事情经过讲给老师听。老师静静地听完我的诉说后，她问了我几个问题。

第一，你的女儿才一年级，她和这位同桌需要相处六年，你是否愿意让孩子和同学在长期矛盾中度过？

第二，如果你找到学校领导，班主任是不是很委屈？人家班主任，其实并不知道所有事情。

第三，如果找到对方家长，你们双方僵持，把学校夹在中间，这样多尴尬？

第四，如果对方家长不理解、不配合，以你现在的状态，你们双方发生激烈地争执，怎么收场？毕竟现在孩子还没有太大的损伤。

他这几个问题问得我哑口无言，老师的考虑确实有道理、够长远。人家不愧是家庭教育指导专家，我心生佩服。是呀，自己的孩子面对一个同学的欺负，自己的急躁可能带来副作用，一定要认真分析，巧妙解决。我既要引导孩子自尊自爱，学会自我保护，还要努力帮助孩子学习识别和建立有益的人际关系的方法。对不经意的误会学会宽容，对故意的欺凌勇敢地说“不”。这是一个循序渐进的过程，家长万万急不得。

依计而行，我把开学以来出现的状况和今天孩子所说的情况，和老师进行了交流。老师表示理解，并且让我安慰好孩子情绪，不要影响学习。老师还说，不止一个同学和老师反映过这位同桌的问题，还问我水壶是否需要赔偿。依照专家老师的建议，我谢绝了班主任的好意，表示水壶不是问题，现在孩子的情绪受到了影响，是否可以帮孩子调整下座位。老师很爽快地答应了我。对我及时反映情况表示感谢，也表示要与那个问题学生家长一起制定帮扶措施。

第二天放学后，孩子一到家就兴奋地宣布，班主任把那个“惹祸”的同桌调开了，换来了一位遵守纪律的同学，她很喜欢这位新同桌。她还说那个“惹祸”的同学也向自己道歉了，问她能否原谅她。女儿说，只要是不再故意欺负同学，大家还是好朋友。

从孩子舒畅的表情和眼神中，我感受到了孩子的满意与轻松，感受到了女儿对父亲的信任，更感受到了继续学习家庭教育知识和方法的必要性。

事情过去了很久，却让我至今难忘。试想，如果当年自己意气用事，孩子还能否像今天这样活泼开朗。

在教育和培养孩子的道路上，不会是平坦大路和通途大道，一定会有曲折和坎坷，甚至会有伤害和痛苦。当孩子们遇到问题时，我们家长如果立即挺身而出，用急躁冲动的情绪去解决问题的话，这样不仅解决不了问题，还会将问题复杂化。可见，家长一定要加强家庭教育理论知识学习，形成正确的教育观念，科学地进行家庭教育。

成功启示

教育是缓慢优雅的过程，那么如何将缓慢优雅落实到生活中呢？这才是考验我们教育技巧的时候，现在我向大家介绍以下恰当的做法。

①当问题来时，我们不要即刻上阵，先看一看，多问几个为什么？先看看孩子们有没有独自处理的能力，避免我们急于出头，反而错失了孩子们锻炼成长的好机会。

②我们家长要均匀使力，就像我的育儿导师说的那样，教育要“留

白”，要见机行事。这里的学问可就大了，我也就是边学边习，学而时习之。

③当然，我们不回避人性的本真和社会的复杂，那么“适度”的理念就变得非常现实，只有“适度”才可以立足长远，解决当下。

要想做到“适度”，身为家长必须不断地学习，不断地更新自己的家庭教育理念，丰富教育方法和策略，才能更好地应变出现的急问题、新问题。

真没想到，通过孩子漫长成长过程中的一件小事，引发了我对家庭教育理念的学习和思考，而后的收获又使我们一家受益终生。中庸之道，无过无不及。不激进、不退缩，谋求折中之法促使我们宽留余地、悠久稳健。我由衷感叹：有幸学到家庭教育的方法和理念，对我们一家来说何其幸哉！

专家点睛

孩子每天都可能遇到各种各样的问题，而家长每天都在想解决孩子的问题。为什么有些家长采取了各种各样的方式，却并不能真正地解决问题，反而出现越来越多的问题呢？一个没有解决问题能力的人越努力解决问题，问题会越来越多、越来越严重。大家都知道，能够提升自己解决孩子问题能力的方式是学习，但是仍然有很多家长看了很多书，听了很多课，遇到孩子的问题时还是束手无策。究其原因是学习知识不够系统，片面地为了解决问题而寻找捷径，不能把知识转化为自己的教育智慧。其实这是一种急功近利的心态，而教育是缓慢优雅的，是润物细无声的，想要解决孩子的问题，需要拿出时间、精力、耐心进行系统的学习，先用正确的知识武装自己。家长只有通过学习的“学问思辨行”五个步骤，形成学习的循环，通过时间和经验的积累，提高自己解决问题的能力，从量变到质变，问题也就会迎刃而解。

“剑兰”花开

教育是农业，不是工业。

——中国现代教育家　叶圣陶

故事放送

我的女儿今年读博士一年级。不知是否巧合，在女儿接到名校的录取通知书之时，12 年前乔迁新居时栽下的一株“虎皮剑兰”(也叫虎尾兰)竟然开花了。

望着那两串努力绽放的洁白的小花，伴着淡淡花香，我又一次出神地端详着手里的录取通知书，不禁喜极而泣。孩子爸爸告诉我，虎皮剑兰是多年生草本观叶植物，一般 5 年左右才开 1 次花，所以开花的虎皮兰是比较少见的，也就是说，不是每一株都会开花的，而且也不是每一年都会开花的，可能几年才一次，甚至十几年，所以种植这种花要有耐心和毅力。12 年后，这株“剑兰”在女儿进入名校学习之际开花。欣喜之余，我眼前不禁浮现出“默默耕耘、静待花开”这几个大字。

在感慨之余，我也为自己当初的“急功近利”感到羞愧。那是女儿小升初时，学校开设了“计算机奥赛”培训班。我认为“计算机奥赛”可以培养孩子的思维能力，就在学校给孩子报名此项课程的学习。后来，不知从哪里得来的消息：如果“计算机奥赛”获奖，就可以给孩子的升学加分。又听说，市少年宫也有这样的培训班，河北区有个老师的授课也很有特色，在那里学习的孩子们获奖的很多。我心想：报一个项目的三个培训班，去感受不同老师的授课风格，启发一下孩子的思路多好呀！

不就是在几个月的时间里克服一下路途的困难吗？只要坚持下来，我们就会向着胜利迈进了一步。我给孩子做了思想工作后，马上报名上课。接下来就是我和孩子一起在奔波中度过的几个月“急功近利”般的学习生活。

孩子平日放学后，在自己学校学习这门课程。周五放学后，我就骑上电动车驮着孩子直奔市少年宫。晚饭几乎就在路上解决。孩子爸爸从塘沽坐班车在市少年宫附近下车，然后和我接上头，再把电动车骑回家。我则在教室外面等孩子下课后再一起坐公交车回家。我们到家时已经晚上 10 点多了。周六下午，我再陪着孩子坐公交车到河北区，继续参加此项课程的培训学习。为了能够在此项活动中获奖，我们也是拼尽了全力。几个月下来，孩子在比赛中得了“二等奖”。虽然得了奖，孩子一点儿也兴奋不起来，只是觉得很疲惫。后来女儿放弃保送区级重点中学考入市外国语大学附中，这个证书根本也没有用上。至今，我们谈论起这段经历，心里还是五味杂陈呢！

静思感悟

女儿小升初后，我们乔迁新居。为了净化空气，我们买了一株“虎皮剑兰”放在室内。我和女儿时常给它浇水、施肥，它的长势喜人。我还让女儿观察后思考，写了篇《关于剑兰的精神》的文章赞扬了它那顽强的生命力和超越自我的奋斗精神。

女儿从这株剑兰身上学到了坚忍不拔的精神，而我自己又学习到了什么呢？望着那挺拔的剑兰，我仿佛看到了女儿一直不懈努力的身影。可是反观自己，我又做了些什么呢？种下花，只想收获，只想得到什么。在这个求的过程中，只是得到了更多的疲惫与焦虑，还有疲惫后带来的急躁情绪。从没有想过，自己要从这株剑兰身上汲取什么力量。带着这个疑问，我走进了家庭教育智慧家长课堂，向一位位拥有家庭教育智慧的专家老师们请教。指导老师告诉我，叶圣陶先生曾说：“教育是农业，不是工业。”

教育是缓慢优雅的。父母要做的，就是要像园丁一样，给孩子提供足够的呵护，了解花的种类，选择耕耘方式，再适度引导，除杂草，保丰茂。孩子的成长家长是不可代替的。家长要了解孩子成长的规律，尊重生命成长的规律，然后让孩子在完整的体验中长成其该长成的模样。

在不断学习中，我认识到，自己的疲惫不堪源于没有科学的教育理念，源于自己狭隘的、急功近利的思想。归根结底，自己还要不断学习正确的家庭教育理念，才能不忘初心，淡定从容地陪伴孩子健康成长。十年树木，百年树人，只有家长去除了教育的浮躁与功利，耐心等待、慢慢欣赏，孩子方能收获丰硕的果实。

成功启示

“缓慢优雅才是真教育。”当前许许多多家长太急了，自己不学习，只是追求那个“果”。只有家长好好学习，孩子才能天天向上。

很多时候，我们明明知道“水到渠成”“瓜熟蒂落”的道理，但是就是心有不甘。就如同看到树上那青涩的果子，会有种急于摘下的冲动，面对孩子的成长也是操之过急。这是他们忘记了生命的过程，每个人都要经历的成长过程。

当年，女儿曾对一位智慧课堂的老师说：“我的愿望是能到北大清华读书学习。”老师告诉她说：“你要相信，你就是楠木的种子，不过楠木生长需要阳光、雨露和时间。你要好好努力，将来就会长成参天大树！”听了老师充满智慧的话语后，我慢慢地把心沉下来，用心陪伴女儿每一阶段的成长。我感受到面前的这个珍贵的生命是那样的美好，感受到了生活犹如一幅生动的画卷展现在我的面前。我用心地关注女儿成长与发展的每一步。在对女儿的祝福中，我陪伴她一起享受阳光，一起栉风沐雨，助力孩子成为最优秀的自己。终于，在默默地耕耘，12 年后，我们欣喜地看到了花开的模样。

我记得读过这样一段话：每个孩子都是一粒种子。每粒种子的成长周期不同，种下去之后，有的春天一来就绚丽极致；有的经历几度寒暑才会绽放；也有终其一生也不含苞，因为它的终极目标是长成一株参天大树。我想再补充几句：无论如何这应该是一粒优质的种子，这粒种子一定是优秀的父母用心播撒下的优质种子。而后，还需要父母遵循规律辛勤地耕耘，也只有父母适时地浇水、除草、捉虫、施肥，并耐心地坚守，用爱心去温暖、用细心去呵护与陪伴，总有一天，这一粒饱满的种子终将会长成参天大树。

专家点睛

教育是什么？教育是科学，更是“艺术”。教育就像养花一样，用心播下美好的种子。然后，一边培育一边欣赏，一边静待花开。静下心来，用爱去慢慢养，别着急，多学学，勤问问，浇浇水，施施肥，除除草，捉捉虫，静静赏，慢慢观，用心等。只有用心享受这种“慢”的艺术，终有一天，你一定会惊喜地听到花开的声音，一定会看到绽放的花朵。

自信，让孩子重回校园

教育的本质意味着一棵树摇动另一棵树，一朵云推动另一朵云，一个灵魂唤醒另一个灵魂。

——德国著名哲学家　雅思贝尔斯

故事放送

我和孩子爸爸无论是在求学阶段还是在工作以后，都是很勤奋并努力上进的人，自然也希望儿子将来有所作为。正因为期望较高，一直以来，我们对孩子学习和生活的要求都比较高，经常拿他和他们班里优秀的同学去比较。小学期间，他的学习成绩一直还算优秀，我们也比较满意。

儿子进入七年级后，出现了一系列的变化。这让我们产生了很大的困惑，甚至对自己一直以来的教养方式产生了深深的怀疑。

那段时间，孩子放学一回家就回到自己屋里关上门，不愿意和我们交流，总是一副无精打采的样子。他还经常因为一点儿小事就大发脾气，和我们大声争吵。我们有时候也会和孩子“发火”。家庭氛围变得越来越紧张。孩子总说我们不理解他，总是逼他，总是要求他这样那样。当时我们并没有在意孩子的意见，反而继续要求他认真学习，考好成绩，觉得学习是他当下必须要做好的事情。就这样，一个学期在紧张的家庭氛围中过去了。我盼望着儿子能利用寒假好好调整一下。然而，突如其来的疫情，迫使全家人都要在家里通过网络生活、学习和工作。居家生活让我变得更加挑剔。儿子懒散的样子，真是让我抓狂。

我总是放心不下，生怕这段时间，他不能严格要求自己而耽误了学习。于是，我常常放下手里的活儿，蹑手蹑脚地走到儿子房间的门口偷窥一下，检查他是否在专心学习。他竟然在他房门上张贴了“闲人免打扰”的字条，这源于我对他的不放心。我越是不放心，他越是愤怒。居家学习这段时间，我们是三天一小吵，五天一大吵……

在期盼中，我终于挨到了开学复课的日子。我满心欢喜地看着儿子去学校上学了。可是好景不长，一天，儿子早上起床后告诉我他肚子很痛，去不了学校了。我们给他吃了药，还让他带着药去了学校。接下来的几天早上都是这样，班主任也打来电话说，孩子在学校说肚子难受。我们开始担心孩子会不会真得了什么病。于是，我们带他到医院去检查，可是检查的结果是没有什么异常。既然没有什么疾病，我们也算安心了，要求孩子正常去上学。可每次去上学前，儿子还是出现了腹痛。我们十分焦躁，又带孩子去看中医。医生建议孩子去看心理科。“心理科？有这么严重吗?”这时候，我们才意识到自己并不了解孩子的心理状况，可以说对孩子心理成长的家庭教育理念一片空白。“心理有病”这个情况是我们始料未及的，我们尽管不愿意接受，但出于无奈只能按医生的建议处理。

我们带着孩子来到专业的心理部门进行咨询，做了有关心理方面的测试。通过量表测试，发现孩子的言语智商 91，操作智商 92。实际情况说明孩子的智力水平并不高，并处于中度抑郁和焦虑的状态。心理老师告诉我们，家长对待孩子的方式应该有所改变。因为我们对孩子的要求太高，教育方式也出了问题，给孩子的压力早已超出了他的承受能力。

静思感悟

经过和心理老师的交流，我们才如梦初醒，恍然大悟，孩子一直在我们的高要求、攀比下成长。为了迎合我们，孩子已经非常努力了，而我们却忽略了孩子努力的过程，过于注重结果。更何况初中与小学的学习策略有所不同。在这个转折点，我们没有了解孩子的实际情况，也没有给孩子提供恰当的帮助，只是一味要求孩子得高分。在疫情这个特殊时期里，我没有给孩子关爱，反而变本加厉地挑剔和指责，这样既伤害了孩子的感情，又损伤了孩子的自信。

想到这些，我的心里有些发“酸”，眼眶有些湿润，我深深地感到自责和愧疚。

归根到底，就是作为家长的我，从来没有学习过如何做一名合格的家长，没有设身处地地为孩子着想，才会发生现在的情况。

我决定要好好学习家庭教育知识，改变家庭教育观念，多理解孩子，真正走进孩子的内心，助力孩子成长。

我先和孩子的学校老师请了病假，让孩子休息几天，缓解一下心理的压力。在休息期间，孩子再也没有出现腹痛的情况。这几天，我发现他在家里开始画画，有的时候也写写日记，而且他告诉我只想画画，只想写写“自由记”。说心里话，听到孩子这样说，我还有些困惑和急躁，心想：如果这样下去，学业就全耽误了。我也想试着劝孩子去上学，可是又担心孩子再次出现腹痛和焦虑。我的心理冲突很强烈，瞬间觉得改变自己真的不容易。

针对这个情况，我和孩子的爸爸找到心理老师进行交流。老师和我们谈了很多，明确地告诉我们现在要无条件地接纳孩子。只有我们家长不断地学习、不断地改变，才能和孩子的现状相契合，孩子才会真的改变。

在此后的日子里，我们努力调整自己的欲望和观念，接纳孩子的现状。我发现孩子对画画非常感兴趣。刚开始他只画人的手，还是用铅笔画的，类似素描的那种画法。他每天专心致志地画几个小时也不觉得累。起初他坚决不许我看他的画，我就配合他不去看。我每天从生活上关心他，在学习上不提任何要求。当然，这对于我来讲是非常困难的。

大约过了两个星期，孩子渐渐地与我们沟通了。虽然话不多，但我心里也是非常高兴。他开始拿着自己画的画给我们看。记得当时，他拿来了一张画纸，用手先捂住了一部分，只让我看没盖住的那部分。我看到那是一只手，铅笔素描的一只纤细的手。我没想到孩子能画得那么好，便脱口而出："画得简直太传神了！"孩子听到我们的赞赏，非常兴奋。他故作神秘地告诉我们，他还会画人的眼睛。说罢，回到房间，拿出了他画的几张"眼睛"。还别说，确实很逼真。我们连连点头赞赏，还说让他教我们也画画。在这一瞬间，我发现消失很久的满意和自信重新展现在孩子的脸上。也就在这一瞬间，我发现大家都改变了。家里的气氛也变得温馨和睦起来，爱的能量在相互传递中渐渐升华了。也就在这一刻，我才真正明白孩子是一个有自我成长潜能的个体，而不是我的附属品。我要真心地尊重他，而不是挑剔他。

就这样，我们重新梳理着自己的观念，用接纳、鼓励陪伴着孩子。从那天起孩子的肚子再也没疼过，画也越画越好。通过画画，孩子以前被我们压抑的情绪得到了释放，心理状态也有了明显的改善，孩子不再爱发脾气，比过去自信了许多。我们也通过学习，懂得了面对现实，无条件接纳孩子，帮孩子找到他本身的能量，回应青春和成长。

一个月之后，孩子和我们说他想去上学了。当时我们也很感动，但也很担心，甚至劝他先不急，修养一段时间再说。可是他却很坚定，他说他有信心能去上学了。晚上，孩子自己收拾好了学习用品，还把这一阶段的各科课程都看了一遍，做到心中有数。甚至有哪些需要请教老师的也都做了标注。我们看到孩子比过去变得自信多了，曾经衰减的内在能量也在不断恢复……

成功启示

目前，我的孩子又重新回到了校园。虽然学习成绩一般，但他依然非常努力，状态也很好，有了自己的学习目标。令我没有想到的是，不论是他在高兴时，还是在有压力时，都喜欢画画和写日记。画画和写日记成了孩子应对压力的好方法，这让我很是欣慰。我们的改变契合了孩子的实际发展水平，无条件接纳孩子的实际，给予了他最大的支持。

通过家庭教育理念的学习，我认识到：每个人成长的过程、现状和未来，都是遗传和环境共同作用的结果。每个人都是独一无二的，都有自身的优势和不足。我也深深感到，我们既然成为家长，就应该加强家庭教育知识和方法的学习，使自己既有一双善于发现的“慧眼”，又有接纳孩子不足的勇气。我们还要不断改变自己，在思想上不断地更新。我们无条件的积极关注，让孩子感受到被理解、被接纳。我们高质量的陪伴，唤起孩子自我成长的潜能。

只有这种向上成长的力量才能帮我们看到更远的未来，才能在陪伴孩子的过程中发挥积极的作用。

专家点睛

记得有个颇具讽刺意味的相声中有个经典的句子：“说你行，你就行，不行也行；说你不行，你就不行，行也不行。”生活中，有的家长又何尝不是这样呢？在与别人家的孩子比较的情况下，无法接纳自己的孩子，导致问题频发。随着疫情的出现，使得一些人把孩子的问题归结为疫情。从这个案例不难看出，就是没有疫情，家长如果在一味的高要求、高期待中指责与挑剔孩子，孩子就会感到无所适从，从而迷失了自我，失去了自信。汽车奔跑要加油，孩子成长要鼓励。家长要看到孩子的优势，接纳与信任孩子，赏识与鼓励孩子。在爱的陪伴中为孩子注入健康成长的养料，唤醒孩子本身具有的能量，充分挖掘孩子的潜能，帮助孩子走出困境。

PART 5

宽严有度是艺术

教育孩子无论是宽还是严，最难掌握的是度。生活中，有的家长全凭心情管孩子，就容易该严的时候不严，该宽的时候不宽，结果导致孩子为所欲为的不良后果。孩子不尊重家长或者太害怕家长都是家庭教育方法的不得当。宽严有度可是有学问的。这里的严不是胡乱的严厉，不是声色俱厉的惩罚，不是暴怒的苛责，不是情绪的宣泄；而是温柔而坚定的坚持，是饱含温和的严肃，是遵守原则的约定，是在尊重基础上的有原则、有底线。这里的宽，并不等同于无原则，更不等同于宠溺，或无节制地听之任之，而是无条件的爱。是有尊重、有边界、有要求、有约定。关心爱护与严格要求并重。严中有宽，宽里带严。情感上的温柔，执行时的坚定。宽严有度中无不包含着暖暖的亲情。

分床让女儿学会独立

每个孩子不仅是一个生命个体，更重要的是他们是一个人，一个有思想、有着丰富情感和需求的独立的人。

——苏联著名教育家　苏霍姆林斯基

故事放送

前些天，我的情绪很低落。我被一种新的理念“洗脑”了。确切地说，我意识到自己很可能做错了。

我烦恼的问题概括起来就两个字：分床。具体来说就是闺女已经上初中了，她还是每天和我睡在一张床上。闺女从出生后就一直跟我睡，我也一直觉得没啥。都说女儿是妈妈的小棉袄，所以我也就顺着她，不愿意自己睡就跟我睡吧。先生不重要，孩子自己睡不好才是大事。

最近，我参加了一次名为“解读青春密码”的讲座。这是来自家庭教育指导中心的大型公益讲座。在这个讲座上，专家老师问到有多少家长还和孩子一起睡，我举起了手。看到会场上寥寥无几的几只手，我当时就心虚了。会上专家老师直接点评“肯定还有没好意思举的。孩子现在上初中了，还和家长睡在一起，这就是明显的分离没成功。这背后有孩子的原因，更有你们家长不舍得撒手的原因吧。”这短短几句话，简直是“一语惊醒梦中人”。

孩子十几岁了，我还天天搂着抱着，不舍得撒手，这是在耽误孩子的独立与成长啊！我一方面要求孩子性格坚强、吃苦耐劳，另一方面包办孩子生活上的一切。孩子现在养尊处优,不懂得体恤家长,这怪谁呢？老师说了,行动没有早晚,想到了就去做。

会后,我马上给先生打电话:“对不起,这些年来忽略你了,从今天起,我就要和孩子分床。”先生听到我的话,丈二和尚摸不着头脑,打趣道:“今天是世界末日吗？你怎么突然醒悟了？”

接下来,我开始设计如何实施“分床行动”。其实以前也尝试过,都是因为我对此事认识程度不够、也没坚持住原则,就一直搁置了。这次,听了专家老师对分离意义的讲述,我觉得这次行动,我必须坚持住！

到了晚上,当我宣布要让闺女自己睡的决定时,孩子立刻表现出极大的恐惧,央求我不要这样做。但这次我的态度很坚决。闺女慌了,抱着被子跟着我,一副我到哪儿,她就到哪儿的架势。到后来,干脆把我的被子放在她身子下压着,不让我拿回,并伤心地大哭起来。

要是以往她这些一哭二闹的招式还管用,但今天,因为我的意志很坚定,也就不再被她的这些招式所动摇。我走到女儿跟前,对着呜咽着的她,语重心长地说:“孩子,对不起了,以前是妈妈忽略了你的成长,今天是一个专家老师提醒我的,妈妈不能再用爱捆着你了。也许我今天的话你还不能完全理解,但请相信妈妈爱你的心没有变,妈妈以后要用对大孩子的方式来对待你。”女儿听了我的话,慢慢收住了哭声。虽然她还不是很乐意,但是我感觉到她已经在解读我的话了,当她肯定妈妈还是爱她时,情绪就平缓了很多。

孩子的反应又给了我一颗定心丸,我继续说:“可能刚开始会有些不习惯,我理解你,你难过,妈妈也不舒服。想哭也可以,别憋在心里。”闺女听了我的话,慢慢坐起身来,抽泣着说:“妈妈,您去睡吧,我自己睡。”

……

第一晚就这样度过了。半夜她又叫了我两次，我都答应她了，并陪她坐了一会儿。看她睡着了，我再离开。渐渐地，第二晚，她叫了我一次；第三晚又叫我；直到第四晚，闺女睡了一个整觉。我悬着的心终于放下了。

就这样，在我从未有过的坚持下，我们母女的分床终告成功。

周末的时候，我带孩子去了公园，见她开心地跑来跑去，还和爸爸一起追跑，我笑了。我相信此刻我们三人的心里都升腾出一种幸福感来。

静思感悟

前面给大家展示的情景故事，就是我与女儿的分床过程。说是分床，不如说，是我在专家老师的指导下，通过不断学习反思，成功与女儿分离的过程。

记得当时老师问我：“什么时候，你才会与女儿分床呢？你和女儿一辈子都在一起吗？”一句话令我哑口无言。

是呀，父母不可能陪伴孩子一辈子。孩子终将要长大，我们也会慢慢老去。我们终将会有离开孩子的那一天。将来她的路要自己走啊，离开我们后她要如何走好后面的路呢？我以前就是总觉得孩子小，其实呢，孩子已经长大了，必须具备解决一些问题的能力，此时家长不放手，肯定会耽误孩子的成长。女儿已经上初中了，我还把她捧在手心里，各种包办代替，事无巨细，造成女儿什么事情都依赖家长，无所适从，能力不强，学习上更是让我操心。她从小一直是我不在身边就不知道做什么，再往后……我都不敢再往下想。专家老师告诉我，独立是孩子在成长路上必须学会的本领。家长必须从小培养孩子的社会意识和独立意识。

通过学习，我先放下自己的焦虑。因为，我知道了“分离”就是离开，父母和孩子在身体上和心理上都要保持一定的距离。分清职责身份，拉开距离，不黏糊在一起。父母和孩子都是独立的个体。只要孩子可以独立完成事情，就可以开始逐步分离，分清哪些是孩子的事，哪些是家长的事，给孩子独立思考和成长的空间。父母要学会远离，绝对不能包办太多，这些都要在孩子青春期来临之前彻底完成。

真正的独立，不是只有形式的分开，而是拥有“自强、自立”的能力与心智。我还知道了，与孩子分离并不是撒手什么都不管了，而是要努力做到放手不撒手。这真是学习让我成长，思考让我进步。我最终在满怀真爱中，温柔地与女儿分床了，并引导女儿学会了独立。

成功启示

后来我了解到，现在很多家庭都有这样的问题——孩子大了，依然不分床。表面上是孩子不想或者不敢自己睡，而深层一定有家长不舍得放手的原因。怕孩子哭，怕孩子闹，就把家庭的关系弄乱了。孩子成了家长，孩子说怎么睡就怎么睡。这可就乱了。

这次的分床成了改变我家关系的重要里程碑！

在学习和实践了科学教育的理念后，我家发生了许多的改变。

一次家庭教育的学习好像为我家开启了一扇幸福的大门。我和先生都尝到了学习家庭教育的甜头。现在，我俩都报名参加了家庭教育指导师的学习班，一起参加学习，共同成长，共同进步。

因为分床，我和先生多年的分居生活得到了彻底改变。先生笑了，他觉得我这个老婆终于开始重视他了。先生天天也有干劲了，下班回来不是帮我做饭，就是逗女儿开心，脾气也比以前大见好转。我家现在经常笑声一片。

因为分床这件小事，我感觉最终还是女儿收获的益处最多。现在分床坚持了一个月的时间，孩子在度过最开始的不适应期之后，慢慢地，她那紧锁的小眉头舒展了。她自信了，她在独立的道路上开始前进。

原来那个遇到一点事情就喊“妈妈，我怎么办？”的孩子，终于有点要自己解决困难的意思了。

就在昨天，闺女放学回来，兴奋地告诉我了一个小秘密，她的好朋友小珊昨天被她们几个嘲笑了，因为小珊无意中透露——她晚上不敢一个人睡觉。孩子回来眉飞色舞地学着她们几个好朋友逗小珊的情形，我的心理真是五味杂陈。傻孩子啊，要不是妈妈学习家庭教育更新理念之后坚持住了，今天被嘲笑的不就是你了吗?

孩子就是孩子，她仿佛早就忘记了她一直以胆小为自豪的历史，开始树立正确的价值观了，开始为了实现自己的理想大胆前进了。这一切都是我最愿意看到的!

感谢学习，感谢老师的教诲让我明白了放手的重要意义，并尝到了放手不撒手、让孩子健康成长的甜头。

写下这些话，我也是为了鼓励和以前的我有一样认知的家长们，快放手吧。

①放手不撒手，会爱才是真爱。用赏识与鼓励让孩子感受到父母的暖暖的真爱。

②关注家长的自我成长，不断学习，为孩子树立榜样。

③记住夫妻关系大于亲子关系。创设良好的家庭氛围。

④家长要分清楚现实分离与心理分离，一定做到把握好这个度。

孩子已经长大，他们已经不适合我们抱在怀里啦，快放手让温室里的小花朵们沐浴在大自然的阳光雨露下吧！给孩子们一个更为广阔自由的天空，让他们学会翱翔!

专家点睛

英国著名心理学家希尔维亚·克莱尔曾说:“这个世界上所有的爱都以聚合为最终目的，只有一种爱以分离为目的，那就是父母对孩子的爱。父母真正成功的爱，就是尽早让孩子作为一个独立的个体从你的生命中分离出去。这种分离越早，父母的教育就越成功。”因此，家长要用真爱，在得体的退出中帮助孩子获得照顾他自己人生的能力。随着孩子的成长，这份力量会越来越强，最终孩子会在这份属于自己的力量的指引下，离开父母，拥抱自己的人生。

我跟爸爸学

一个家长对自己的要求，一个家长对自己家庭的尊重，一个家长对自己每一行为举止的注重，就是对子女最首要的，也是最重要的教育方法。

——苏联著名教育家　马卡连柯

故事放送

我有一对活泼可爱的孩子，初为人父时，我给自己定了个规矩，要处处以身作则，给孩子做榜样，做合格的父亲。

为此，我对自己的言行严格要求，陪伴孩子努力做到不吼孩子，不在孩子面前吸烟，不打孩子。但我忽略了一点，我有一个不爱收拾房间的“小问题”。平时，我的个人物品随处乱放。家里的一切，总想着顺其自然就好。为此，急躁的爱人没少与我发生争吵。孩子们看在眼里，也跟着妈妈数落我是“不讲卫生的爸爸”“不叠衣服的爸爸”“不做卫生的爸爸”。孩子们天真无邪的话，令我惭愧万分！

然而，2020 年的一场疫情使我有了改变。疫情伊始，正值假期，我以飞快的速度采购了很多消毒用品和防护用品。爱人从抽屉里又翻出来一些感冒药品。看着这些物品，我的心里才算是踏实了。爱人一直叮嘱我，把这些物品归归类，别随便乱放，特别是一些消毒药品，使用时要注意安全。我虽满口答应，却没有付诸行动。我把这些物品摆在客厅最显眼的地方，就是为了方便家人取用。自己还觉得自己已经做得很好了。每次出门归来的一通消毒，用着非常方便。

后来,随着疫情的渐渐好转,我有些松懈了。一次,外出到家后,我习惯性地摘下口罩扔在桌上,衣服换下来随手往沙发上一扔。女儿也学着我的样子把口罩扔向桌子。看到女儿这样,我一下子就急了,黑着脸就开始教训女儿:“不许乱扔!请把你的口罩拾起来!”女儿脱口而出:“我跟爸爸学的!”孩子的话竟让我无言以对!是的,我进门随手扔东西,给孩子做了坏榜样!这与我当父亲的初衷相反。思考过后,我觉得自己做错了,我认真地给孩子道歉:“是爸爸做错了,爸爸不应该随意乱丢口罩,乱扔衣服,爸爸需要改正!”说完,我重新拾起了口罩……

有一天,我下班回家推门而入,映入眼帘的是满屋的狼藉,好像屋里进了劫匪;再看两个调皮的孩子在屋里跑来跑去,满地的玩具让人无处下脚,桌上、床上全是乱糟糟的……此时爱人正在厨房做饭,一边炒菜还一边冲两个调皮的孩子嚷道:“别闹了!快把玩具收起来!再不收起来就收拾你们了!”两个孩子根本听不进去妈妈的话,依然在打闹。而且俩人竟然手持消毒用的小喷壶,对着扫射。他俩看见我进门了,女儿跑过来搂着我喊道:“哥哥欺负我了!你替我打哥哥!”我冲他俩大喝一声道:“你俩疯了啊!这可是咱家用来消毒的东西!”俩人这才停下打闹。爱人从厨房端出菜来,大声抱怨:“两个孩子要把我逼疯了,我都收拾不过来。你看你平时也不收拾,也没给孩子做个好榜样。这个非常时期里,家里乱成这样!这要是传染了病毒,可就麻烦了!”爱人的话让我无话可说!

是的,我平时在家里很少收拾卫生,也没给孩子树立榜样。我没给孩子们树立规矩意识,任由孩子自由发展,眼前混乱的房间就是我生活的影射……想到这些,我赶紧蹲下身来跟孩子一起收拾起了房间……

静思感悟

通过这些小事,我联想到了刚学习过的家庭教育理念。我在冷静地思考:我在希望自己成为一位合格父亲时，是否做得足够好，是否真的给孩子起到榜样的作用？显然我没做到，也没做好。

首先，作为父亲，我不能任由家庭环境再这样下去。我应该主动承担起打扫家庭卫生的责任，要积极参与家务劳动，带领孩子一起参加家务劳动。特别是在这个特殊时期里，家长做好榜样，引导孩子一起做好物品管理更是重中之重。想到这里，我主动认罚，收拾房间三天，并让孩子们监督我完成任务。当孩子们发现爸爸主动收拾房间后，他们也主动提出来要帮助我一起收拾。此时，我深感榜样教育的意义。

其次，家庭卫生环境关乎家庭成员的成长，家里的脏乱也带来孩子成长的混乱。打扫家庭环境的过程也是一个思考与梳理的过程。与其说是我们与环境互动的过程，不如说是我们内心自我调理的过程。我意识到整洁的家庭环境不仅增加了我们的智慧和能量，还有助于我们免疫力的提升。

再次，育儿先育己，家庭教育重在父母，父母是孩子成长的航标。孩子的健康成长是父母言行的体现。我需要及时改正自己的不足，用正确的言行引领孩子的成长。认识到错误后，我们及时召开了家庭会议。作为父亲，我认真向爱人和孩子承认了错误，并与他们一起制定了家庭劳动公约，有奖有惩，共同参与、共同监督，给孩子们树立榜样。

最后，在家庭关系中，要树立正确的观念。作为丈夫，我更要主动承担家务劳动，为孩子做榜样。要多体谅爱人带孩子的艰辛，主动关心她，搞好夫妻关系，成为家庭关系的润滑油，与家人团结协作共建美好家庭。

成功启示

哈佛商学院对成功人士做过一项研究，发现一个现象：幸福感强的成功人士，居家环境往往十分干净整洁；而不幸的人们，通常生活在凌乱肮脏的环境中。我们居住的房间就像是自己的影子，我们的人生就像自己的房间。房间里不仅藏着我们自己的生命状态，更藏着孩子的未来。

孩子天生具有极强的模仿力，他们会在无意中模仿父母的做法，无论是好的还是坏的。父母的言行时刻影响着孩子的成长。为人父母，应该把家里收拾得干净整洁，打理得井井有条，为孩子创造一个温馨舒适的家庭环境。孩子受环境所熏陶感染，也会逐渐养成一种良好的生活习惯。很难相信在一个混乱无序、杂乱无章的家庭环境里，能够培养出一个温文尔雅、彬彬有礼的孩子。东西乱丢、常常急躁发怒的家长，其家庭关系也一定会是常常在一个紧张状态下的。孩子的情绪也会受到影响。有时候我们会发现身边某个人特别烦躁，做事也是手忙脚乱的，每天好像总有忙不完的事。如果我们仔细观察就会发现，他生活的环境也是非常混乱的，他的日常也是杂乱无章的。没有好心情，高质量的亲子关系也就无从谈起了。

意识到问题，就要思考改正方法。尽管孩子比较小，有的时候做得不是特别完美，但我还是耐心地指导，给他们做好示范讲解，告诉他们如何把物品分类。比如，口罩如何佩戴与管理，打扫卫生的时候注意什么，清洁物品的使用方法，需要注意的安全事项，等等。在他们做家务的过程中，我发现问题就及时提示他们。我还和他俩制定了值班公约，大家一起遵守，互相评价，并及时给予奖励。例如，本周几个人都达标了，我们全家就在周末去一趟郊外游玩。

我的改变直接带动了孩子们。他们积极行动起来，把自己的衣物收拾整齐，放在指定的位置；他们会主动把玩过的玩具分类放在箱子里；吃完饭，他们也会主动清洗自己的碗筷；写完作业，他们会主动收拾自己的书包。孩子们不仅学会了自己的事情自己做，还在动手的过程中养成了良好的生活习惯。

此时的他们也不再称呼自己的父亲为“不做卫生的爸爸”“不讲卫生的爸爸”了。我已是他俩眼里的“能干老爸”“智慧老爸”。我也亲切地喊他俩“卫生小达人”。我在争取做个合格父亲的道路上又迈进了一步！

正人先正己。为了孩子茁壮成长，为了建设美好家园，我们要积极行动起来，从父母做起，带领我们的孩子，一起整理好我们的家吧！

专家点睛

育儿先育己，榜样见行动。净化家庭育人环境，优化家庭育人功能，家长不能光靠嘴上的功夫。例如，生活中有的家长自己玩手机，却不让孩子玩游戏，孩子能服气吗？好家长是学出来的，好孩子是教出来的，好沟通是倾听出来的，好习惯是养成的，好品德是熏陶出来的。因此，家长要和孩子一起约定一个对于全家人都有约束力的家规，让每一个人都认真执行。作为家长更要做好表率作用，努力做到事前有约定，事中有指导、有建议，事后有评价。家长只有做到严以律己、言传身教，才能达到良好的教育效果。

放手不撒手

我们对于儿童有两种极端的心理，都于儿童有害。一是忽视，二是期望太切。忽视则任其像茅草样自生自灭，期望太切不免揠苗助长，反而促其夭折。

——中国人民教育家　陶行知

故事放送

我是一名从事教育工作的母亲。多年的执教生涯中，我遇到过各种各样的孩子。欣，是其中给我留下印象最深刻的一个。

欣是一个聪明乖巧、伶俐可爱的女孩子。她的成绩在班内名列前茅。她还多才多艺，积极参与学校各项活动展示，受到大家一致好评。可是谁曾想，一个假期过后，欣好像变成另一个人。原来那个人见人爱的小姑娘不见了。

四年级新学期刚刚开学没多久，她就多次上学迟到。起初，我没有在意，可是随着时间的推移，欣迟到的时间越来越长了。甚至一上午都不来，下午上课时才来，而且她的情绪也不佳。我给家长打电话询问迟到的原因。家长也没说出什么，只是感谢老师的关心。因为欣一直是班内优秀的孩子，我也就相信了家长的话。可是两个星期过去了，孩子竟然不来上学了。我找到家长谈话，原来孩子的父母由于工作的原因，常常应酬到深夜才回家。欣就自己在家里一直等到父母到家后才睡觉。这样一来，白天父母起晚了匆匆出门上班，顾不上督促管理她，她就放任自流了，有时候竟然睡到下午。父母忙于应酬晚归，疏于对孩子的管理，导致欣一段时间的生活作息没有了规律，而且一直调整不过来。我又是约谈家长做工作，又是找欣谈心。经过一个学期的耐心教育引导，欣才把生物钟调整过来。可是时间是无情的，原来的那个优秀的欣再也找不回来了。

每当我想到欣的满脸倦容，再看到她一路下滑的成绩，我的心里好难受。我觉得欣的父母虽然赢得了自己的工作业绩，但却在关键时期耽误了孩子的成长，这个代价太大了。

静思感悟

我们的一生虽然会有万千经历，但这总是一个人的人生，要是以别人的境遇来引发思考，会是怎样的呢？欣的经历提醒了我，作为一名教师，我不由得联想到自己的家庭和孩子，经常提醒自己要防微杜渐。自己绝对不能做失职的老师和家长。我一定要引导孩子们做好自己的规划，不仅仅为我的学生，也为自己的女儿。

曾经听到一位老教师谈到教子智慧：“把自己的孩子当作一生中最重要的学生去培养。”我把纠结的问题与老师探讨。老师告诉我，作为家长有责任指导孩子学会安排好自己的生活。一个人的时间和精力毕竟很有限，一定要认真安排、精心分配，利用好时间，在有限的时间内获得最高效的成果。

人生是计划的过程，计划的主人是自己。计划做得具体，执行做得踏实，胜利必然属于自己。如果我们能做好时间的管理和规划，让自己在有限的人生中创造出无限的可能，创造更多的价值，就会使自己的人生更加精彩。

成功启示

好的开始是成功的一半。女儿一入学，我就赶快抓住这个教育契机，引导她学会做计划，安排好自己的学习生活。以至于后来，她在每一个成长阶段都会自觉地规划自己的学习、生活，并认真执行，在这个过程中女儿逐渐学会了管理自己。下面就与大家分享一下自己得到的一些启示。

（1）家长发挥榜样作用。

每天与孩子朝夕相处的家长如果是一个夜猫子，晚上不睡，早上不起，怎么能让孩子早起呢？班上爱迟到的孩子，究其原因大都是家长起不来。家长看电视或躺在床上玩手机到很晚，孩子哪里睡得着。家长在外面有吃喝应酬，生活作息没有规律，孩子的生活节奏就会受到负面影响。因此，家长要带头养成良好的生活习惯。哪怕是早睡早起、定时吃饭这些生活小事，对于孩子的教育来说都是大事。

（2）引导孩子制订计划。

引导孩子结合她的学习生活制订好各种计划。如每天的学习和生活作息计划、假期生活计划、假期出行计划、成长中的中长期计划等。每天的学习生活计划中，先把每天的作息时间安排好，再根据自己的实际情况将各项任务排列好，注明哪些事是“必须做的”，哪些事情是“希望做的”，让孩子自己分清轻重缓急。

我们家在每一个假期都是要去旅行的。在孩子上初中后，我家的旅游计划就基本由孩子自己制订。我们是相信孩子能够做好的。孩子要明确目的地、旅行的时间、游玩的景点、每天的行程、就餐等大致的时间安排，这样孩子就会积极查阅资料，做好相关的计划。如果孩子有考虑不周的情况，家长也要鼓励孩子积极吸取不足，以后再想周全就好。

再有就是制订中长期计划。这个计划是围绕孩子的成长目标来制订的。家长一定要提醒孩子在这个过程中需要长期坚持做什么。另外，注意这个大目标是否可以分成若干小目标等。

无论是哪个计划，家长都可以鼓励孩子用表格的形式书写好，贴在自己的书桌前，时刻用来提醒自己。

（3）督促孩子学会管理自己。

家长帮助孩子制订计划之前要有约定，计划执行过程中要有指导，执行之后要有评价。只有这样，孩子才能在执行整个计划的过程中学会管理自己。

作为家长，要做的就是：通过积极的评价与鼓励来督促孩子达成目标。积极评价的语言要具体，如“你注意了重要的事情要先做，能及时地完成任务很好”“你在制订计划中能够认真思考”“你在出行之前做计划的时候懂得查阅资料，你是个会学习的孩子”。这样不仅肯定了孩子的做法，还为孩子制定计划指明了方向。给孩子建议的时候可以与孩子商讨，如“我们这个假期要出游，我们先来做足功课，再去探索啊”“我觉得某某景点很有趣，是不是可以查阅一下资料，值不值得我们去探索”。在这样的鼓励中培养孩子探索未知世界的兴趣。

（4）创造有序的环境。

孩子做好计划了，家长就要注意不要随意打扰孩子。对于一些突发事件，随意更改孩子的计划，既不利于孩子专注地做事，也不利于执行计划。当然这也是对孩子的不尊重。比如，周末孩子正按照自己的计划在家专心读书，这时家长接到朋友聚会或游玩的通知，就无视计划带着孩子一同前往。或者家长心血来潮想带着孩子出游，随意不遵守计划。这其实是家长想出去玩，随意干扰孩子，让计划成为一纸空文。家长一定注意要按照孩子自己设定的时间完成计划。

总之，当孩子知道每天什么时间该做什么的时候，才会有条不紊地生活。当孩子能自己很好地计划与管理自己时间的时候，他才能够得到全面发展。

真爱孩子就要宽严有度，真爱孩子就要放手不撒手。现在，我的孩子已经成为一个自律的孩子了。我想，家长要努力做到放手不撒手，宽严并济，才能够助力他扬帆远航。

专家点睛

智慧的家长要学会放手不撒手。这里一定要明确，放手并不是撒手不管，放手一定把握好这个度。家长如果放得太松，放手就成了撒手、放纵，导致最后的失控。孩子就变成了所谓的无人管的“野孩子”。这就是我们对于放手的尺度没有掌握好。家长应该做到放手还孩子以责任，其实这就是对孩子的“尊重”和“信任”。而孩子则会感受到家长的关注与期待，就会朝着好的方向去努力。文章中的家长看到了身边的孩子家长身上出现的问题，引以为戒。面对自己的孩子，及时进行学习与思考，运用智慧的教育方法对孩子施教，取得了良好的效果。为这个智慧的家长点赞！

“小账本”的故事

父母威严而有慈，则子女畏慎而生孝矣。

——中国古代教育家　颜之推

故事放送

女儿上初中后，开始自己管理自己的午饭支出。对于女儿第一次自己做主支配钱财，我和她商讨了一下她的“花钱大计”。为了让她按照计划支出，学会自我管理，也便于我的监督管理，我提议让她自己建立一个“小账本”，把每一个月我俩预估后给她的总数以及每天的花费和结余做好记录。然后每个月底，我俩进行交流并及时给予补充，以便做好后面的保障工作。

刚开学两个月，孩子管理自己还不错，也挺高兴。就这样，我们一直坚持着这种自我管理状态。

谁知初冬来临之时，孩子在一次感冒发烧后与我交谈道出了生病的原委。“妈妈，我做错了一件事。”“哦，什么事呀？说来听听，我想肯定是很有趣。”“我可能是因为吃了两包薯片上火了，可是那上面写着黄瓜口味，含有蔬菜呀！”我“噗嗤”一下乐了：“哎呦喂，我的宝贝，你真有趣，那也是垃圾食品呀，吃了就会上火的。咦？你的小账本里可是没有记录买零食的呀？账目还是挺清楚的呀？”“我……我把买这个零食的钱分摊着记在饭费里了。”我真是又好气又好笑：“你看看，这件事虽然我不知情，最后由你生病这个教训来让你记住不能随意做‘假账’啊！”“妈妈，我错了。”“记住就好，实际情况可是骗不了人的。我希望你引以为戒，学会自己管理好自己”。

我虽然没有大声训斥孩子，但却陷入了反思。只是简单的一个“小账本”事件，只是让孩子自我管理，家长却不给予合理有效的指导，她怎么能不犯错呢？作为家长的我在这件事上是有很大责任的。

静思感悟

那么，如何指导孩子学会管理金钱，管理好自己呢？我请教了身边的老师们。老师们也是各执己见，众口不一。我又翻阅了一些书籍，一些教育专家提出的在教育孩子管理金钱方面的一些做法是值得借鉴的。就连一些知名企业家对于孩子的金钱教育也有自己的一套经验。例如，有的成功人士对孩子从小就注重金钱教育。他们告诉孩子所有零花钱都要利用课余时间去兼职做杂工和服务生赚得，而且教育孩子利用好打工赚的钱，不仅要应付平时的零花，还需要帮助有生活困难的同学，这样就让孩子知道了赚钱的艰辛。

教育家默克尔的一句话点醒了我：“金钱教育是人生的必修课，是儿童教育的重心，就如同金钱是家庭的重心一样。”有一位家庭教育智慧家长课堂的老师语重心长地告诉我：“金钱教育的实质是幸福教育和人格教育，一个人的金钱观会影响他一生的幸福。”

是呀，我们生活中离不开金钱。那么如何在生活中正确地管理金钱，善于使用金钱呢？这可是作为父母对孩子教育的必修课呀！我要利用好这个契机，做好对孩子的引领。这可不是记一个“小账本”这么简单的事情呀。

成功启示

学习反思后，我和女儿又一次进行了交流。钱很重要，但是还有比钱更重要的东西，就是品格。

首先，我对她能够实话实说给予肯定，表示以后还会信任她，但是不希望她再用小聪明去使用金钱。我们一起分享对金钱的认识，要学会让手里的钱变得有价值，就要利用它来成就生命的喜悦、价值和意义。然后，我又具体讲了管理金钱的几个小方法。女儿在和我进行了分享后，若有所思地点点头。

后来一直到大学，女儿还主动给我发来她生活费的使用情况，但是我从来不看。我告诉她，我相信你已经成长了，你是一个懂事的孩子，是一个能够管理好金钱，管理好自己的孩子。

下面我就与大家分享如何引导孩子正确认识与管理金钱的方法。

（1）不忌讳谈钱。

知道家里的收入是怎么来的。这里有父母的工资，还有投资理财的收益。但是一定要让孩子知道，收入是一定要能够大于支出的。再昂贵的东西也是不能借钱去买的，要保持自己清醒的头脑。这样孩子不仅珍惜金钱，而且懂得珍惜金钱背后付出的劳动。

钱是利他的工具，人要学会管理金钱。人若只是为了钱，那生命就没有意义了。因此，不能被金钱所控制，不能做金钱的奴隶。

钱可以买到什么，不可以买到什么。虽然没有钱是万万不能的，但是金钱也不是万能的。人心、友情、健康，这些都是钱买不到的。因此要懂得什么是最重要的。

（2）正确面对金钱。

学会感恩。我利用“压岁钱”这件事，引导孩子思考：压岁钱是从哪里来的？大人为什么要给你压岁钱？

可以问一下孩子：“家里的老人给你的压岁钱是哪里来的？”“对，是他们的退休金，他们的退休金是干什么用的？”“养老，那你看看长辈生活中需要什么？”

通过指导孩子观察，让孩子知道老人们生活非常简朴，无论吃穿都很简单，没有很大的物质欲望，只在自己生病的时候买一些药品。所以这些压岁钱也都是他们自己省出来的。这可是家人的祝福与期待，要学会感恩。

学会思考。亲戚朋友的压岁钱，是怎么来的呢？是无缘无故就给你的吗？哦，那是爸爸、妈妈及老人也需要给人家的孩子压岁钱呀。钱在亲友间以一种特殊的方式进行着爱的流动。

在交流中，一定要让孩子知道，没有人会无缘无故给你钱。以后在不知道别人目的的情况下，是不能收下这部分钱的。天下没有免费的午餐。就像商场里的广告传单等宣传材料的接受以及试吃等活动，都是一种潜在的诱惑。要学会关注自己的心，知道什么应该要，什么不应该要。今后在面对各种诱惑的时候，懂得如何管理好和控制好自己的欲望是十分重要的。

（3）合理使用金钱。

不过分限制钱，给孩子合理支配金钱的空间。过多的零用钱使得孩子容易养成浪费、挥霍的坏习惯。过分限制也会适得其反，引发孩子的贪欲。对于年纪小的孩子，家长可以结合一些小游戏与孩子互动，教给孩子正确的用钱方法。如把家里的玩具等物品布置成地摊儿，和孩子玩买卖商品的游戏，认识钞票。对于年纪大的孩子，家长就可以带着他们去超市选购商品，结合生活给予有效的引导。

有计划地使用金钱。让孩子了解家里的钱都花在了哪里。水、电、燃气费、电话费、衣食住行、教育（学费、书本费、兴趣班费）以及旅游、生病、参加活动（生日、婚礼等庆典）等都是需要支出的。让孩子了解爸爸妈妈工作的辛苦，懂得努力工作不仅能够得到生活中所需要的金钱，还能为社会做贡献。例如，妈妈作为教师，感受到桃李满天下的幸福。爸爸是医生，是播撒健康的白衣天使，特别是在疫情中他和他的伙伴们一起为我们筑起了一道保卫安全的坚固城墙。和孩子分享了这些内容后，可以在此继续引申出，你将来要做什么工作呢？做哪一份工作对社会的贡献大呢？

学会忍耐和放弃。告诉孩子要注意，不是想买什么就随意买什么。要先把这个念头放一放，多给自己一些考虑时间，再看看是否仍然需要这个东西。这样，孩子通过可以延迟满足，可以学会控制、管理自己的欲望。

以活动体验认识金钱，学会管理。家长引导孩子积极参加各种活动来体验金钱的作用。

第一，参加跳蚤市场活动，或者义卖活动，让孩子不仅感受到金钱的价值，还有助人的快乐。

第二，根据自身情况参加假期打工活动，通过劳动理解金钱的意义。也有的家长让孩子在家里劳动并给予劳动报酬。个人认为一定要把握好度。也就是说，作为家庭成员，分担家务劳动也是小主人的体现，不必都拿金钱来衡量。要知道这是一种责任，家里还是要有人情味的。对于一些家里偶尔出现的繁重劳动，给予孩子适当报酬鼓励也未尝不可。记住，只要初衷不变，对孩子成长有益，不管采取哪种方式都是可取的。

第三，使用压岁钱的时候，可以一部分存起来用在大事上，一部分由孩子自己合理支配。我和女儿一起带上积攒的零花钱和压岁钱送到慈善基金会，为贫困山区的孩子们购买图书，筹建图书室，支援灾区建设。在家人生日的时候，让她自己用自己零花钱买小礼物。用自己的奖学金给家里的老人买毛衣作为新年礼物。孩子慢慢学会了用钱给别人带来快乐，体验到金钱是可以传递幸福的。

专家点睛

随着人们生活水平普遍提高，大部分家庭都能满足孩子们的基本物质需要，却往往忽视了对孩子的金钱教育。在生活中，钱是一种重要的教育工具，好的金钱教育是孩子一生的财富。因此，家长要善于抓住培养良好品质的教育契机，做好金钱教育。家长要在生活中引导孩子理解金钱的意义，懂得金钱是利他的工具，建立正确的金钱观和价值观，从而拥有健全的人格，收获幸福的人生。

"育"和"习"，从心出发

决定孩子一生的不是学习成绩，而是健全的人格修养！

——**中国近代教育家　蔡元培**

故事放送

记得女儿5岁那年的夏天，她不小心把脚扭伤了。姥姥看她走路一瘸一拐的，立即决定带着我俩坐上火车直奔一位老中医家。老中医医术高超，达到了手到病除的效果。回程的时候，女儿的脚已经完全好了，感觉不到疼痛。

我们走在烈日下的乡村小路上，一股汇合了草料味的牛粪味道迎面扑来。女儿身穿洋气的花裙子，一手打着她的小花伞，一手捏着小鼻子，踮着脚尖儿，在一坨坨牛粪间跳跃着快速穿行。她一边跳着走，还一边说："快走！快走！脏死了！臭死了！"我一边和路边的村里人打着招呼，一边在后面追赶着她。有个婶子家的小孩儿亲热地跑过来，要拉她的手，她嫌弃地抽回来，嘴里嘟囔着："好脏！"我喊着让她停一停，她连头都不回，快步往前走。那个婶子对自家的小娃喊道："快回来，别弄脏妹妹的花裙子。"又对我尴尬地笑了笑说："你家闺女真漂亮！"我不好意思地对大婶儿说："对不起了，这个孩子真不懂事儿。我回去一定教育她。"而后又转身去追女儿。为了躲牛粪，骄阳下那小小的身影在路上跳来跳去，路上扬起一缕尘土。我连追带赶地跑到她面前，气愤地对她说："你真不懂事！太没有礼貌了！"她却皱着眉头说："讨厌！讨厌！臭，臭，臭！"

一个穿着干净漂亮衣裙的城市小姑娘捏着鼻子走在满是牛粪的、坑坑洼洼的乡村小路上。虽然这个镜头定格在我的脑海里，但是这个极不和谐的画面引发了我的思考。小时候，生活在城市里的我如果得知身边的小伙伴有个农村的老家，我可羡慕了，特别盼望妈妈借看医生的机会能带上我去农村玩一次。我可以和村里的小伙伴们到田里掰玉米，爬上树捉知了……笑声常常回荡在小村庄的上空，我可从来没有嫌弃过这里脏臭呀！那为什么女儿竟然这样呢？我陷入了沉思。

静思感悟

带着反思与问题，我站到了书柜前，一本台历映入眼帘。台历上那句“宠辱不惊，闲看庭前花开花落；去留无意，漫随天外云卷云舒”一下子点醒了我。荣辱不惊的人，有广阔的胸襟，有人生的大智慧，不轻易为荣辱所左右，能真正领略多姿多彩的生活。一个人怎样做到“宠辱不惊”呢？唯有内心强大。既然我希望女儿人生幸福，就要引导她强大自己的内心呀。女儿面对这么点儿环境的变化就受不了，将来如何面对纷繁的社会、喧嚣的世界，如何面对种种困难呢？

我在大量的阅读与学习后，又拜访了家庭教育专家老师。睿智的老师告诉我，孩子就像花儿一样，千万不要浇灌坏了。当他受到赞扬的时候，要懂得限制，不要让他的心飞得太高；当他受到批评的时候，要懂得释放，不要把他困在一个角落，培养宠辱不惊的心性就是培养心灵的自由。如果孩子能“得之不喜，失之不忧”，始终以平和自然的心态融入生活，在任何磨难面前笑得灿烂，将来就能够经得起人生道路上的风风雨雨，活得自在潇洒！

是呀，平日里，我们对她太过于宠爱了，才造成这样的状况。

专家老师语重心长地对我说：“家长一味纵容孩子，他就会养成狂妄的个性。因此，你既要把孩子带到五星级酒店去享受精美的食物，也要带她住小招待所去体验不一样的生活方式，培养她在生活上的适应能力，这就是在培养孩子的心性。你要用心啊！”

后来，我们全家有机会参加了一个智慧冬令营，一起去学习成长。记得在一个游戏环节中，主持人让孩子们把自己成绩不好的那门功课的课本顶在头上，女儿没有带课本，却还反问智慧冬令营的老师，“我体育不好，顶什么？”老师答道：“你把地球顶在头上吧！”哇……全场为老师的智慧鼓掌。后来我和女儿分享道：“你要低下头来，不要太傲慢，要学会谦虚做人了。”接着，我们又分享了“杯子和茶壶”的故事：当你渴望自己的杯子里能注入香茶时，一定要把自己的杯子放得比那些茶壶还要低，香茶才能注入你的杯子。只有把自己放低，才能吸纳别人的智慧和经验。

成功启示 心理学研究表明，一定要让孩子在亲身的经历和体验中获得成长。

学习反思后，就要做到知行合一。于是，我和女儿带着她最心爱的大娃娃和零花钱来到福利院，与福利院的孩子们一起游戏，一起感受奉献爱心的快乐。她不再觉得那些残疾孩子丑陋讨厌了，而是生出怜悯之心后主动去关爱他们了，还为他们表演自己的拿手节目，与他们一起游戏逗他们开心，辅导他们学习。她在活动中受到了教育，也更加懂得珍惜自己现在的幸福生活了。

她还和甘肃贫困山区的孩子结对子，互相通信往来，向他们介绍美丽的家乡以及自己的学习方法。她用自己积攒的压岁钱买了图书寄到山区，为千里之外的小伙伴送上精神食粮。她还把自己积攒的零花钱送到慈善基金会，支援灾区建设。喜迎新春之际，她把自己的新年衣服送到救助点为农民工子女送去温暖。她常常利用业余时间走访军烈属孤老户，到养老院为老人们送上慰问品，献上优秀的节目。在一次次献爱心活动中，女儿得到了体验和感悟，心中种下了美好的种子："现在一定要好好学习，将来为社会多做贡献，帮助更多的人。"当她心怀梦想之时，学习的劲头更足了。

现在的她能够做到宠辱不惊，直面问题。先后三次放弃保送的机会（小升初保送重点中学，初中毕业保送留校，大学保研），充满自信地迎接各种新的挑战。在拥挤的宿舍里能打点好自己的生活，让狭小的空间充满温馨；穷游时，按计划安排食宿；租房于山间时，面对各种蚊虫小动物都能与之和谐相处；出游时，在高级酒店住宿也如日常一般；取得成绩时也能泰然处之。在面临压力的时候她道出智慧的话语："人生，压力不断，才更加精彩；压力中活出洒脱，才更加智慧。"我想这就是心性培养的结果吧！

真心感谢家庭教育专家老师给我的启迪，让我懂得如何努力为孩子创造一个积极向上、富有正能量的成长环境，让她学会在爱中成长心性：面对困难时坚强、独立、自信，从而拥有更宽广的眼界和远大的格局。

真心希望每一个家长都能为孩子创造一个幸福的成长环境。祝愿我们的孩子们在成长的道路上都将不惧风雨、独立坚强、宠辱不惊！

专家点睛

我们常常说教育和学习。其实，"教"和"育"不一样，教的是知识，育的是文化；"学"和"习"也不一样，学的是知识，习的是实践、体验挫折，是一种文化。作为家长不要只关注孩子知识的学习，更要关注孩子生命的成长。孩子总归要离开家长，独立前行，用他们自己的悟性与智慧成就最好的自己。一个孩子能够很好地与世界相处，才是父母最大的成功。因此，家长要在生活中引导孩子学会学习、学会生存、学会做人、学会做事。

家有男宝

没有任何东西比人类的爱更富有智慧、更复杂。它是花丛中最娇嫩的而又最质朴、最美丽和最平凡的花朵，这个花丛的名字叫道德。

——苏联著名教育家　苏霍姆林斯基

故事放送

我是两个孩子的父亲，儿子小宇今年上一年级，女儿刚刚上幼儿园。小宇每天放学完成作业后，我和妻子就会带着俩孩子在家里一起玩游戏，放松一下。可是有一天，我带妹妹拍皮球都拍了好一会儿了，都不见小宇从他屋里出来。我就走到他屋里，只见他在写字台前写着什么。我疑惑地探过身一看，他在写一张小纸条。纸条上歪歪扭扭地写着一句话，个别字还是用拼音替代的。大意是：小雪，我喜欢你，长大了我们结婚吧。我的学号是18号。落款赫然写着小宇，竟然还画上了一颗心。

我的天！他是怎么啦？他才7岁啊！

正在我大吃一惊之时，电话铃响了。原来是班主任老师打来电话说，小宇在下课的时候老是围着小雪转，说长大了要和她结婚。特别是在上操站队的时候，还去亲了小雪的脸蛋儿……虽然老师说得很委婉，但是此时的我，脸涨得红红的，嘴里也是呼呼地直喘大气。放下电话我突然意识到：不知不觉中，孩子的成长早已超出了我的预料，看来今后要想解决好类似这样的成长问题，不用心是绝对不行了！

静思感悟

带着问题，我找到了曾经做过家庭教育辅导的心理专家老师。老师告诉我，最好的成长是有陪伴的成长。于是，我阅读了大量关于家庭教育的书籍，特别是那些关于男孩子教育的文章，从中学习到男孩子成长过程中的不同时期有着不同的特点，以及相对应的教育方式。

儿子的这些表现其实是男孩性心理发展的正常行为。他其实也不知道结婚娶妻意味着什么，一切都是在学。孩子们在学中成长，看到大人结婚的场景，他们也就幻想着自己也要结婚。此时家长要结合孩子年龄特点去理解他，而不能大加指责，要正确引导，做好孩子的性教育工作，让他形成正确的观念，学会正确认识性别、尊重异性，学会保护自己、爱护异性，做一名真正的男子汉！

恰巧当天，一则名为《不要对女性使用暴力，即使你手捧鲜花》的公益广告让我受益匪浅。视频里采访了6个男孩，他们的年龄在7~11岁，来自不同地方，说着不同的语言。当漂亮的小女孩出现在男孩们的面前时，男孩们都显得很腼腆，也都表示喜欢女孩。而当记者让街上的小男孩打旁边的女孩时，所有的小男孩都拒绝了。他们说："她是女孩，我不能那样对她。""因为不能打女生。""我不想伤害她。""她漂亮而且是女孩。""因为我反对暴力。""打女生是不对的。"真是一群可爱的男孩子，我看完以后心里暖暖的。

在现实生活中，我们经常能看到女孩的父母教导女儿要如何保护好自己，却很少能看到男孩的父母教导儿子不要去伤害女生。男孩的性教育这一块，可以说大部分中国家庭都是缺失的，甚至会有少数男孩家长抱有一种"反正我们家是男孩，不会吃亏"的心态。每每看到有这样的言论，我都非常气愤。不知道当他们的女儿或者其他女性亲属受到伤害时，还会不会有这样的心理。我是一个既有儿子，又有女儿的父亲。我认为不论男孩、女孩都要进行恰当的性教育。对于男孩来说，性道德教育比性知识教育更重要。男孩的家长要引导其尊重母亲及其家里的女性成员，教育其作为男子汉要有担当、有责任感，长大后他就不会去做伤害女性的事情了！

成功启示

学习这些教育知识后，我便和小宇进行了一次郑重的谈话。我教给小宇正确认识自己和女孩的不同，还让小宇说说为什么喜欢小雪，进而又引导了正确的表达喜欢同学的方式。我告诉小宇："男子汉要帮助班里的老师和女同学，家里妈妈和妹妹都是女孩子，需要我们男孩子来照顾"。我自己努力为小宇做好榜样，来带动小宇成长。每一次全家出游或者是购物，小宇都是抢着拎包，推小车，嘴里常常对我们说："我来吧，我是男子汉！"俨然成了妹妹、妈妈、奶奶的"护花使者"。我要是出差在外，小宇就会拍着小胸脯对我说："爸爸，您放心吧，家里有我啦，我是男子汉！我会照顾好咱家的女生的！"

随着儿子的渐渐长大，他在班集体里也是一个受大家欢迎的男孩子。他善解人意、乐于助人，得到了老师及同学们的肯定。这让我们夫妻二人倍感欣慰。

一次，有个男孩子在班里搞恶作剧。他见一片落叶上有一只小虫子，就拿到教室吓唬女同学。儿子见到后，拿过落叶给扔了，还对那个男孩子说："吓唬女孩子可不是男子汉！"还有一次，班里的一个小姑娘由于胆小，在体育课上不敢跳长绳，就有同学讥笑那个女孩。儿子对周围的伙伴说："我们要鼓励她别怕，笑话别人可不是男子汉！"我知道后表扬他说："你做得对！真是一个有爱心、有教养的男子汉！"班主任老师也在班里大力表扬了小宇。

后来，老师特意请我在班级家长会与大家分享一下教子经验。会前老师简单介绍了班里的情况，还特意嘱咐我重点分享关于男孩子的教育引导经验。原来班里一些男孩子，有的病休复学后就不愿意再进教室了；有的爱斤斤计较；有的在上台展示时扭扭捏捏，没有自信；有的是有一点儿小磕小碰，哪怕是体育课上摔了一下，都会受不了，搞得大惊小怪的。我结合当今男孩子教育的一些问题以及小宇的成长过程中的一些经验总结了以下几点。

（1）获得幸福的捷径就是父母相爱的言传身教。

我和妻子的恩恩爱爱让孩子们感到家的温暖。儿子懂得自己在家里是一个男子汉，不仅尊重妈妈，帮助妈妈干力所能及的家务，还帮助妈妈照顾好妹妹，真是一个合格的大哥哥。

（2）培养辨别事物的能力。

懂得什么样子的女孩子才是优秀的女孩子：优秀的女孩子不仅是外貌漂亮，更要举止端庄文雅，懂得尊重自己，爱护他人。我想这也是为他长大以后择偶的教育做铺垫吧。

（3）正确的表达喜欢的方式。

向自己喜欢的女孩子表达喜欢的方式要在尊重人家的前提下，不能不懂礼貌。一定要教会孩子尊重女孩，不能因为喜欢就随意与女生有身体接触。否则不但人家不喜欢你的表达方式，而且你的行为也越界了。

（4）男孩和女孩是有不同的。

男孩同样需要性教育，因为我们教会女孩保护自己的同时，也要教会男孩保护好自己。你的小内裤遮住的地方很隐秘，不能随意露出来，更不能让别人摸，包括同性同学、亲戚长辈等！同时也要告诉孩子，女孩子也像男孩一样有隐秘的部位，不能随意看、随意碰。

（5）耐心陪伴孩子成长。

面对男孩子成长中出现的问题，家长要结合男孩子的成长规律、心理特征和年龄特点，用心培养，帮助他展示出男孩子最美好的一面。

值得高兴的是，在儿子的成长路上，他初步学会了怎样和异性相处。男孩子只有学会心中有他人、做事敢担当、成为一个男子汉，长大后才会成为一个真正的男人，才会是一个好丈夫、好爸爸。希望他长大后能够拥有幸福美满的生活。

专家点睛

请各位家长思考这样一个问题：将来您的孩子长大后组建家庭，要找一个什么样的另一半呢？可能我们的家长会说出很多优点。然而，您再思考一下，您为对方培养出那个优秀的另一半了吗？的确，生活中有部分男孩的家长总是认为自己生的男孩，不会吃亏，而忽视对男孩的教育，从不告诉男孩不要伤害女孩。男孩子不知道去尊重爱护女孩，这就在他的成长之路上埋下了隐患。一个这样的男孩儿，成人之后怎么能做一个好丈夫、好父亲呢？他的家庭怎么会幸福呢？因此，在男孩的教育中，家长要引导其尊重母亲及家里的其他女性成员，懂得爱护女孩子，做一个有担当、有责任感的男子汉。

PART 6

本真教育是智慧

现实生活中，我们有许多家长看了很多的育儿书籍或者听了许多育儿讲座，但是当遇到自己孩子的问题的时候，还是束手无策。也有的家长对于家庭教育的一些知识看似很明白，说起来也是头头是道，但遇上问题时照样焦头烂额。产生这些问题的原因就是没有做到知行合一与认真反思、内省。要想教育好孩子，我们就必须成为智慧的家长。智慧的家长不仅能自觉学习家庭教育知识，还能够将学习与实践相结合，更能不断总结反思。在遇到问题的时候，家长要积极调整心态，认真找到问题产生的原因，努力去寻求解决问题的办法。智慧的家长就是在学习反思中成就了更好的自己，是在学习成长中拥有了四两拨千斤的能力。这一切都是因为他们深知智慧是唯一解决问题的方法。

点燃孩子的内动力

教育小孩子，做父母的最好用积极的暗示，不要用消极的命令。

——中国现代幼儿教育奠基人　陈鹤琴

故事放送

孩子上二年级的时候，老师就反馈说孩子的内驱力不足，学习太被动，作业太潦草，在学校还经常违反纪律。这种反馈给我造成很大困惑，怎样做才能激发孩子的学习内驱力，让孩子发自内心地热爱学习呢？

看着网络上热议的社会问题，听着周围妈妈们焦虑地吐槽，我发现我和大家一样困惑，一样不知所措。

“回家就想玩儿！”“好不容易拿出作业了吧，又是吃饭又是喝水上厕所，磨磨蹭蹭大半天也写不了几个字！”“怎么说也不听呢！”“上课也不认真听讲，小动作不断。”“相当佛系，一副无所谓的态度。”“就是不爱学，可愁死我了。”

……这些声音是不是很熟悉？

而身为家长的我们大都会这么做。

招式一：唠叨。

“我说了多少遍了，好好写！”“快点写！”“好好学习，长点心吧！”……

招式二：重做。

“写得这么乱，擦掉重写！”“弹错了，重弹！”“不对，重做！”……

招式三：比较。

“你看小明写得多好，你看你自己写的是什么？”“人家小明学习可自觉了，都不用家长操心，你看看你！”……

招式四：威胁。

“写不完作业不许吃饭！”“做不完不许睡觉！”“不想上就别上了！”……

招式五：开揍。

“三天不打，上房揭瓦！”“棍棒之下出孝子！”……

招式六：交易。

“写完作业我带你去玩儿。”“考 100 分，奖励 100 块钱。”……

招式七：说教。

“孩子，学习是你自己的事情。好好学习你才会有好的未来，不好好学习你将来可怎么办呢？”“学海无涯苦作舟，你不努力怎么能行呢？”……

我招数使尽，儿子依然充耳不闻。你说你的，我做我的。有时候甚至还以暴制暴，讨价还价呢！哎！真是招式全开，招招致命！以至于儿子说：“妈妈，为什么一涉及学习，妈妈就不是妈妈，儿子也不是儿子了呢？”

写到这里，我想说，我家也是“不学习时母慈子孝，一学习就鸡飞狗跳！”

夜深人静之时，我也坐下来冷静地想：这个孩子为什么非要被盯着被管着才学呢？难道是我的教育方法有问题吗？

静思感悟

带着这样的困惑，我开启了自己的学习之旅。我先是听了家庭教育智慧家长课程。课上，专家老师告诉我们家长说：“家庭成员共同创造了问题，而孩子是家庭问题的表达者和表现者。”课下，我把自己的困惑和老师倾诉。老师语重心长地问我：“在你这样的管教下，孩子能学到什么呢？孩子能够爱上学习吗？孩子为什么学习内驱力不足？你还是先从自己身上找找原因吧！”

于是，我开始系统地学习与思考什么是学习，什么是内驱力，如何激发学习内驱力。在不断的学习中，我知道了，广义的学习是指人与动物在生活过程中凭借经验产生的行为或行为潜能的相对持久的变化，次广义的学习是指人类的学习，狭义的学习专指学生的学习。而内驱力，老师很形象地给我们做了一个比喻，就如同鸡蛋从外部打破叫“毁灭”，从内部打破叫“新生”。内驱力是一种内部动力。学习的内驱力，即为了满足学习需求的内部动力，其外在表现就是自觉和积极主动地学习。由此可见，学习的内驱力与生俱来。

那为什么有的孩子的学习内驱力不足呢？在老师的引导下，我恍然大悟。原来这几个原因中，我连连中招。

（1）供需失衡，消化不良。

家长过分看重知识供应，生怕孩子输在起跑线，把各种培训班、兴趣班安排得满满当当，但忽视了孩子的需求及其消化能力，强行灌输各种知识，最后孩子什么也没学好，家长也没发现孩子喜欢什么。

（2）强势干涉，缺乏信任。

这些家长只相信“孩子只喜欢玩儿”，而不相信孩子有对学习的渴望。所以，这些家长层层把关，严格控制，不断干预。长此以往，孩子成了牵线木偶。

（3）放任自流，缺乏引导。

这些家长要么信奉“孩子不用管”，要么过分崇尚“爱与自由”，要么忽视了孩子，要么溺爱着孩子。当孩子遇到问题时，他们要么疏于帮助和引导，要么给了错误的引导，使孩子形成了错误的认知。

（4）多重积累，缺少疏导。

孩子在学习和成长的过程中，难免会遇到各种困惑、阻力和困难，也难免会遇到各种负面的体验甚至伤害。这就需要我们及时疏导孩子。一旦这些负面的体验积累到一定程度，势必打击孩子的信心，影响孩子的学习内驱力。

（5）方式枯燥，缺少兴趣。

我儿子曾经就说过他不喜欢学习。我紧接着问他：“你是不喜欢学习呢，还是不喜欢枯燥的学习方式呢？”他想了想说：“其实我也不是不喜欢学习，我只是不喜欢枯燥的学习方式。”

找到了原因，就赶紧想办法解决吧，如何激发孩子的学习内驱力？老师告诉我，智慧的家长要信任孩子，相信每一个孩子都有一颗热爱学习的心。那些看起来不爱学习的孩子，只是暂时丧失了信心，坚定孩子会好起来的信念，给予孩子以下切切实实的帮助。

第一，发现孩子的兴趣。兴趣是最好的老师，也是最容易被点燃的燃料。用孩子感兴趣的方式，参与孩子感兴趣的话题或活动。

第二，给孩子探索尝试的自由。在孩子感兴趣的领域，在保障健康和安全的前提下，给予孩子探索和尝试的自由，让孩子以自己的方式和自己所感兴趣的领域建立联系，寻找他们自己的沟通方式与沟通语言。

第三，激发孩子的热情。在孩子感兴趣的领域鼓励孩子自由探索，有助于孩子发现学习的乐趣，找到适合自己的目标和方法，获得成就感与价值感，进而产生对学习的热爱。孩子有了热爱，便有了排除万难的勇气和披荆斩棘的力量。

第四，给予孩子适当的鼓励和帮助。孩子需要鼓励，就像植物需要水。鼓励孩子是一个持续的过程，重点在于给予孩子自尊和成就感。在孩子困惑时，帮助孩子梳理方向、疏导情绪，鼓励孩子先完成再完美，带着可以不完美的勇气小步前行，赋予孩子力量，坚定孩子的信心。

成功启示

我在学习了这些理念后，一下子豁然开朗，再看儿子所谓的小问题，好像也就不是什么问题了。

儿子从小学三年级开始不喜欢写作文，甚至认为自己就不会写作文。于是，每次写作文的时刻就成了儿子的“痛苦”时分。这个“小东西”一会儿干这儿，一会儿干那儿，迟迟不肯动笔。要不就托腮冥想，要不就凝视远方，甚至一度放笔不写，交白卷算了。

学习后的我看到这个情形，当然不能无视，但我不再去数落他，而是选择鼓励他：“你看你读了那么多书，有那么大的词汇储备，妈妈相信你可以独立来完成的。来，咱先把题目写上吧，题目是现成的。”儿子听了我的话提笔写上题目。写完又用他的大眼睛望着我，不知道干啥了。我当然不能急，想了想，说：“这样，我说个开头，你说个开头，咱俩比赛看谁的开头精彩。”儿子点头答应。于是，我说了一个开头，他也勉强编出了一个。或许是我的耐心鼓励了他，他自己说完，又主动要求再说一个，因为他又想起了一个更好的开头。就这样，在我的抛砖引玉下，他自己的独特开头诞生了。再以后，他的思路就越来越清晰，文章也越写越流畅。甚至在我的连续“拍马屁”下，连字都越写越工整。作文写完之后，他也变得自信。他跟我说：“妈妈，原来作文也是挺有意思的，我开始有点喜欢作文了。”我立刻竖起大拇指，马上把鼓励送给他！

通过学习反思，我有了很大的改变，相信我的儿子的内动力一定会被我点燃。我相信他一定会成为一个动力十足的小家伙。在今后，我还要努力完成以下几件事。

（1）充分相信孩子。

尊重孩子，相信孩子的能力，给孩子锻炼的机会，家长用恰当的语言赞美鼓励孩子，提升孩子的自信心。

（2）创设良好的家庭氛围。

了解孩子，关注孩子的心理特征，高质量地陪伴孩子，让孩子在和谐的家庭氛围中感受到家长无条件的爱。

（3）放手不撒手。

给孩子解决问题的时间和空间。家长不勉强孩子，与孩子有效沟通。

专家点睛

如果孩子学习的内动力不足，家长一定要寻找其背后的原因。文章中的妈妈在学习反思后，认识到是自己“爱的能力”缺失，导致孩子学习动力不足。当家长把孩子的责任揽成了自己的责任时，孩子就会认为学习是为了父母而不是为了自己，表现出来的状态就是写作业磨蹭、做事拖拖拉拉、心不在焉。而家长只有放下对孩子的高期望和高要求，拾起对自己学习成长的关注，通过自己的改变潜移默化地影响孩子，才能让孩子感受到家长那暖暖的爱，从而获得源源不断的动力，找到正确的学习方法，不断进步。家长努力一分，孩子就会知道打拼的价值。家长从来不停止学习，孩子就会知道学习应该是一种自觉。育儿先育己，育己先育心。与其寻求外界的帮助，不如自己加强学习，强大自己。家长不要急于把孩子的篮子装满，而要把他的心灯点亮，努力把自己培养成为点燃孩子内动力的高手吧。

“火药味”消失了

教子十过，不如奖子一长；教过不改也徒伤情，奖长易功也且全恩。

——中国明末清初教育家　颜元

故事放送

我是一个9岁男孩的妈妈，曾经一心想着孩子将来能够实现我的理想，出人头地。

基于这样的想法，我会经常接受不了孩子的种种不良表现，而又因为对孩子的爱，在生活中表现得特别关注孩子，离不开他，等等。这种高要求和对孩子过度关注的心理，给我带来很多担忧和烦恼，甚至对孩子也产生了抱怨：“我这么要求你，你怎么就不听话？”“我对你那么好，你都不理解！”……

一次发生的一件小事，把我推向了焦虑的深渊。孩子的小测试成绩不理想，老师批评他。他哭闹、耍赖，拒不接受批评。当老师向我描述孩子抗拒的种种表现时，我深深地焦虑了：一次考试不理想本来没什么，可不接受批评教育，抵触老师，这样下去可怎么得了？孩子会成为一个不接受批评的人吗？

那段时间，为了孩子的事情，我和丈夫不知道争论了多少次，不知道对孩子教训了多少回，家中总是弥漫着紧张的气氛，充满“火药味”。我甚至悲观地觉得我的孩子无药可救了，见人就大吐苦水。

痛苦、担心过后，我开始了思考：每天打骂孩子也不是办法啊，从他反抗的小眼神里我甚至读到了一丝惧怕。孩子大了，当一切都不管用时，我该怎么办？心灵的焦灼迫使我找寻解决办法。

静思感悟

我开始反思，开始求助，开始找寻各种学习的渠道。看书、听课、咨询……

我终于找到了问题的症结：原来是我错了。我心太急了，我给孩子定的教育目标太高了。原来，我走过了这么多的弯路，在教育孩子上犯了许多错误，带来的结果是焦虑、苦恼。我明白了父母的心态其实决定了孩子的状态。是自己缺乏科学的家庭教育理念，产生了不正确的心态。我决定从现在开始停止抱怨，因为抱怨就是一种可怕的诅咒。

我深感做一个合格的母亲不是一件容易的事，甚至不是一件可以无师自通的事。做父母像其他职业一样，是需要学习、需要修炼的。家长好好学习，孩子才能天天向上。

在不断的学习中，我认识到只有做一名智慧的家长，不断学习，拥有家庭教育的真智慧，才能够陪伴孩子健康成长。

首先，家长学会尊重孩子，耐心地倾听孩子的心声，像朋友那样经常和孩子沟通交流，决不能简单粗暴地否定孩子的想法和意见，或把自己的想法强加在孩子身上。当我阅读了陶行知校长的小诗，更是感到惭愧。小诗这样写道："人人都说孩子小，小孩人小心不小。你若以为小孩小，你比小孩还要小。"是呀，我自己作为家长，靠严厉的言语和粗暴的行为去教育孩子是错误的，这是对孩子的不尊重。要有顺其自然的心态，要尊重儿童的成长特点，切记不能急躁行事，挫伤孩子的内心。总结起来就是以平和的心态尊重孩子的成长规律。

其次，家长要率先控制好自己的情绪。父母是孩子的第一任老师，也是终身的老师。孩子生下来就开始模仿自己的父母。父母的处事方式一定会被孩子学习到。情绪不稳定的父母极易造就暴躁的孩子。当初，我看到孩子出现问题，就控制不住自己的情绪，有时候在气头上，越说越气，越说越急，越说越激动，怎么会和孩子好好说话呢？失控的情绪，失控的言语，甚至孩子一顶嘴就拳脚相加。我们家真是战火不断，硝烟弥漫。这就是作为家长的我带着情绪和孩子沟通导致的结果。

老师告诉我，当自己情绪上来的时候，先静一静，问一问自己：“我为什么生气？对于我的训斥，我希望有什么效果？我这么说能实现我的预期效果吗？明确自己的初衷，平复自己的情绪，不要让你即将出口的话语仅仅成为自己发泄的渠道，更不要让你的情绪控制你的言行，去伤害你本来最爱的孩子。”是呀，自己要马上换一种说话方式，不能再让批评、说教成为常态。今后自己对孩子要多一分尊重，少一分苛责；多一分温和，少一分训斥。即便孩子不能马上做出期盼的回应，但至少孩子内心是能感受到温暖的，不会抵触父母的关心。父母只要以平和的心态做事，就能传递给孩子正确的价值观，就会使孩子心态健康、正能量满满。

再有，教育是一个缓慢优雅的过程。教育孩子是一个长期的过程，我们教育孩子的时候要有耐心。家长要理解孩子的自身能力所在，孩子需要一段反应的时间。父母的意见提得太急切会造成孩子根本就来不及反应，更谈不上认识到自身的错误。如果父母希望自己的意见更容易被孩子理解，就要把心态放平和，把要求提得明确、清晰，更重要的是给孩子时间。静下心来，等一等。然后，再指导孩子拥有正确的操作方法。家长要给予孩子耐心的指导。就像我们刚刚开始教孩子走路的时候一样，哪一位家长因为孩子刚刚蹒跚学步，就操之过急呢？那时候的我们看着孩子磕磕绊绊地走过来，给予孩子的是大大的拥抱和微笑的鼓励。即使孩子跌倒了，我们也从来没有指责孩子呀？哪一个孩子不是在跌倒了再爬起来的反反复复中学会走路的呢？

回归我们的本心，拥有智慧之心，陪伴孩子快乐成长，我们做家长的需要学习和反思的真是太多太多了。

成功启示 心态好，智商才能得到发挥；心态好，才能帮你战胜困境；心态好，才能够快乐生活。打造平和的心态，告别烦恼与忧虑。

现在每当遇到孩子的问题时，我先闭嘴，不批评，然后开始反省。自我反省是非常重要的，诚实地面对自己，能够更清醒地看待自己和对待孩子，也就懂得如何做一名合格的父母，让孩子得到更好的照顾。

我现在明白了，我要完善自己，成就自己，方能成就孩子！我应该对生活中的积极事物抱有热情，以包容的心态参与活动，并且去学习和了解更广泛的知识；与此同时，用我的积极乐观影响孩子对世界的看法，引导孩子以平和的心态对待人生。

我不仅努力学习、做好自己，还努力学会倾听孩子内心的声音。那天和孩子交流，儿子和我说："妈妈，您怎么总是只看到我做得不好的地方呢？我已经尽力了，可您却永远不满意。""虽然我知道我的字确实写得不好，但您越唠叨我就越烦躁，越是写不好。"当我静下心来倾听孩子的心声，欣赏孩子的付出，理解孩子的无奈，给孩子最有力的支持与鼓励时，我看到了孩子绽开的笑脸……

我的率先变化和智慧的处理问题方式，带动了孩子。我的家庭也愈发和睦，少了很多争吵和摩擦。慢慢地，我欣喜地发现我的孩子已经开始出现一些积极的变化。虽然没有出现明显的成绩提升，但趋势是令人欣慰的。他不仅能主动承担家务，而且作业也书写得越来越工整了。他的名字还出现在家长会上老师的特别表扬名单里。

司马光说："为人母者，不患不慈，患于知爱而不知教也。"我们作为父母要知爱也知教，用科学的方法去爱去教。正如叶圣陶所说："教育是农业而不是工业。"我们要像对待幼苗一样去教育孩子，循序渐进、精耕细作，而不是急切地拔苗助长，要平和耐心地等待他的成长，坚信孩子一定能成长为参天大树！

专家点睛

智慧与知识不同，知识属于社会，智慧属于个人；知识可以传授，智慧只能启迪；记下的是知识，使用的是智慧，知识升华才能成为智慧。家庭教育的真智慧就要家长从“学”到“习”，从“习”到“悟”，从“知识”到“智慧”，从“量变”到“质变”。当家长坚持学习和实践，才知道闭上嘴，才有可能静下心来更有效地找原因和想办法。也只有找到问题的原因和想到解决问题的办法，才能给孩子切实可行的帮助。这个过程就是家长智慧提升的过程。

平息“战火”靠智慧

一家人能够相互密切合作，才是世界上唯一的真正幸福。

——法国著名女科学家　居里夫人

故事放送

从成家到现在，我通过学习，才真正理解了什么是家。

记得，我刚成家的时候，家就是一个住所，是我休息的地方，它只是一个存在，一个没有心灵归属感的存在。之所以这样讲，也许是因为从怀孕的时候起，我们就开始了和公公婆婆一起住的日子。由于生活习惯不同，分歧不断增加。对于这样的家庭生活，我有过逃避。爱人也是为此头痛不已。

终于，等到宝宝出生了，爱人松了一口气。他觉得有了小孩子，家庭成员的目光就都会放到孩子身上，摩擦也会日渐减少。可是，事与愿违，家庭的矛盾还是不断地产生，甚至还升级了。

最终，苦不堪言的老公下定决心去和父母沟通，分开住。这个方法暂时缓解了矛盾。可是，好景不长，由于我们两个年轻人工作很忙，每天都很晚才到家，孩子还是只能交给爷爷奶奶去带。正是因为隔代抚养的溺爱，孩子习惯了衣来伸手、饭来张口的王子式生活方式。

到孩子升入小学，我和爱人才正式管理孩子的生活与学习。而悉心呵护孩子成长的长辈每天仍会询问我给孩子穿的什么衣服，吃的什么饭。我都会一一上报，不敢怠慢。因为孩子会学舌，我不能有一点隐瞒。这样的操控令我很压抑。

更加令我头痛的是孩子的学习和生活方式：写作业磨蹭、做事拖拉、注意力不集中等。而面对他的种种问题，我也实在没有好办法去教育，只会对他进行道理"轰炸"，唠叨个没完没了。有时候，孩子特别不听话时，我也会伸手打他。孩子哭闹，大人伤心，全家的战火在点燃。这样的生活让我身心俱疲。

我不断地自怨自艾，再看看此时的爱人，他也是好不到哪里去。只要看到我正在教育孩子，他就会躲到一旁，哪怕我这边的战火越烧越旺，他也不会给我一点支持。哎！这日子过得我真是苦不堪言！

直到有一天，我终于忍无可忍，主动给学校老师打去电话，把自己的教育难题一股脑地诉说出来。班主任老师认真地帮我分析梳理，与我耐心沟通，使我心里一下子畅快了不少。老师还对我说，建议我有时间可以去学习学习家庭教育的知识。

静思感悟

于是，我就满怀期待地走进了家庭教育的课堂，这个带给我幸福生活的大讲堂。

我像个初入学校的小学生一样，认真地汲取每位专家老师授课的精华。每位专家老师的家庭教育理论都会给我醍醐灌顶的感觉。之前的我，对教育一窍不通，一点教育孩子的方法都没有，大事小情对我来说都很棘手。

学习过后，我最大的收获是孩子和我越来越亲近。只要有时间我就会和孩子谈心。有时候，还会给孩子写点儿心里话。我发现这样的沟通方法很好，孩子也听得进我的话了。再后来，爱人也开始加入我们的聊天，仿佛之前的不快乐就是一场梦。此时的家变得安宁祥和，这一切对我来说真的很难得。

下面我具体说说，为了解决我家的各种矛盾，我是如何学习反思，努力做好疏通工作的。

（1）夫妻积极沟通是前提。

首先，我搭建起与爱人真诚交流的平台。我想到了写信，这也是用老师传授的方法。有些不方便讲或者害怕表达不清的话，都可以写下来。于是，我先以信件的方式将我看到的父子沟通出现的问题以及我的担忧告诉了爱人。我是先告诉他我的感受，然后告诉他问题的重要性。

接着，就是向爱人传播我学习到的家庭教育理念。

第一，我诚恳地分析了出现父子关系问题的原因：孩子在幼儿时期，父母的爱是缺失的。我们不在身边，孩子的所有习惯以及思维方式等，都是爷爷奶奶打造的。以至于孩子从内心把我们划分为熟悉的陌生人。

第二，现在的我们要慢慢融入孩子的心，先是耐心地与他沟通，再尝试着取得孩子的信赖和尊敬。曾经，因为我们的不懂以及种种客观原因，孩子和我们疏离了，但好在我们现在明白了，现在明白就不晚。过而能改，善莫大焉。

第三，孩子现在越来越大了，我们不能用传统的方法和他交流了，他是有思想的少年了。所以，我们现在只有摆正自己的态度，才能与他建立良好的沟通。专家老师讲过，沟通中语言有时是最低效的沟通方式，真诚与爱是开启沟通的大门钥匙。居高临下肯定行不通。对于孩子，我觉得善于表扬是前提，鼓励和支持是过程，再加上循序渐进的引导，才有可能把孩子引入健康成长的轨道。

（2）与长辈耐心解释，解决问题。

在家庭的构架中，还存在着一个关键的问题。那就是如何与长辈建立良好的沟通模式。我作为儿媳妇，以前是很少和公公婆婆沟通的。因为性格不同、思维差异等，我不敢轻易发言，怕造成误会和矛盾。经常是爱人帮着与长辈沟通。

我想，自己一定要调整好心态，运用良好的沟通方法与长辈沟通。我用真诚与长辈共情，提炼有效话题，放慢语速，耐心地与长辈促膝详谈，最终明确统一的目标——都希望孩子过得快乐幸福。这样，我们才能在大方向上取得一致。

（3）做好亲子沟通。

以前，我家的这对父子在生活中经常会出现矛盾。儿子只要看见爸爸就会不耐烦、不接受、不碰触，甚至在公共场合，都会刻意地与爸爸保持一定距离。以前的我除了担心，也实在没有什么好方法。现在经过学习，我先接纳孩子的情绪，然后缓解孩子的抵制态度。我在与孩子一起真诚地交流各种感受后，不再唠叨，不再因小事批评指责孩子。孩子对我和他爸爸的态度也有了很大的改善，可以与我们较好的沟通。

成功启示

家是讲爱的地方，不是讲理的地方。家庭成员之间遇事不要去相互抱怨、相互指责，而要静下心来，换位思考，在相互理解、相互尊重的基础上有效沟通，用实际行动为孩子做出榜样。

现在调整好心态的我，通过有效的沟通，顺利地解决了这些问题。

首先，爱人对我的理念没有一点反对，或许是他也感受到了我学习之后的变化吧。我们终于在教育孩子的方式上达成了一致。

接下来，爱人放下了身段，也不再躲避问题。我们夫妻二人同心，依计而施，其利断金！孩子感受到了我们的改变，他也不再和我们针锋相对。从疾言厉色到和风细雨，从居高临下到善解人意……只要坚持，就可以做到。专家老师说过，只要方向正确，路再远也不怕。

现在，因为我们的改变，儿子对爸爸变得信赖了很多。这真是我们最最期望的收获！

我真诚地向长辈请教如何培养孩子，在倾听老人的意见和想法的同时，也明确表达了我的观点——坚决不能溺爱孩子。我讲了溺爱对孩子成长的危害，也举了不少身边因溺爱生祸的例子。不知道是因为老人感受到了我的真诚，还是因为孙子的成长太重要，或是我的坚持原则让老人感觉一丝丝的“威力”。老人在我的慢慢开导下，也渐渐明白了溺爱孩子、包办的危害。老人开始接受我的想法了，也在慢慢朝着我期待的方向去改变。

通过多次耐心地交流，再加上我和爱人的努力坚持，我发现家里的每个人身上都发生了很大的变化。大家的笑容也日渐增多。我的家庭越来越和谐。

“善于沟通讲方法，坚持沟通讲准则，执行沟通讲技巧。”这是我从“智慧家长课堂”学到的，并亲身实践过的。我相信我可以把我的家打理得更加有序、更加幸福，因为我在努力做一名智慧家长。

专家点睛

智慧的家长是需要学习、觉察、改变和成长的。改变后的父母最大的优势不是家庭没有问题了，而是善于解决问题了。当问题出现的时候，他们会思考怎么解决而不是被情绪左右，沉溺于焦虑、纠结的状态中无法自拔，这就是拥有了智慧。“方法”和“招式”可以学到，但它们只是一些育儿窍门的堆砌；每个孩子都是一个独立的个体，要因人而异、因材施教，所以更需要我们自己去“悟”。“智慧”是学不来的，一定是“悟”出来的！无论孩子处于哪个年龄阶段，父母保持自我觉察和自我成长的状态至关重要。

应对“羡慕嫉妒恨”

一个健全的心态，比一百种智慧都更有力量。

——**英国作家　狄更斯**

故事放送

以从容不迫的心态去面对一切;谦虚为人、谦逊待人;不断奋进让自己更加卓越;以完善的人格魅力赢得人心。

每当我和女儿谈起她在小学六年级那一次的评选活动时,我们都感慨颇多。就是那一次的文明学生评选活动,让我和孩子一生受益。

那一次,文明学生的评选本来在我俩心里是没有悬念的。因为孩子是学校的大队委,又是市级三好生。她在班级里不仅成绩名列前茅,而且积极参加校内外的各项特长活动并多次获奖。她还热心公益活动,热心为集体服务,得到老师和同学们的一致好评。

谁知此次文明学生评选的结果却出乎我俩的意料,她竟然落选了。孩子回到家很委屈地告诉我,自己只有1票。尽管我感到很诧异,但还是不停地安慰女儿,找找原因,努力争取后面的评选。谁知女儿的哭诉竟然震惊了我,她说:“不就是他们嫉妒我嘛!”我说:“嗨,小孩子哪里知道什么叫嫉妒,可别这么说。”“妈妈,您听我说,那个A同学不仅在写话本里写道,××的学习成绩好,我恨她,为什么她有那么多荣誉?A同学写完了竟然还读给我听。下课时,B同学拿着他的卷子冲我喊:‘为什么你比我考得好?’C同学还偷偷地把我的数学卷子上面的100

分改成了 98 分。”奶奶听到孙女的哭诉，气愤地说：“别哭，明天我就去问问 B 同学，我们考得好怎么了。我这么热心地帮助他，他家长来不及接他，我总是帮助照看，真没良心！”听着她俩的对话，想到女儿在班里当时的处境，我还是压住了自己的情绪，深深呼了一口气，陷入了沉思……

静思感悟

人类一切的问题，都是源自“关系”的问题。女儿的处境，还是“关系”出了问题。那么，这“关系”问题的根源在哪里呢？是不是女儿说的“嫉妒”呢？

带着这个问题我请教了一位资深的教育专家。他告诉我：“所谓“嫉妒”，就是我们常说的“红眼病”。《心理学大辞典》中说：“嫉妒是与他人比较，发现自己在才能、名誉、地位或境遇等方面不如别人而产生的一种由羞愧、愤怒、怨恨等组成的复杂的情绪状态。”俗话说，不招人妒是庸才，这说法听上去有些偏激，其实也不无道理。换个角度说，能被人嫉妒，也是一件值得骄傲的事情，这正说明，你女儿是非常优秀的。可是由于“嫉妒”让孩子遭遇了不公平的待遇甚至给孩子带来了伤害就是一件不愉快的事情了。别着急，我们先要弄清楚，为什么会产生“嫉妒”的心理？为什么同样优秀的人，有的就能够左右逢源，受人欢迎；有的就遭人嫉妒受人排挤被孤立？”他还语重心长地告诉我，在教育孩子方面，作为家长一定要学习相应的教育心理学知识。这样会更有针对性地解决问题。

告别了专家，我又进一步阅读书籍、查阅资料、不断思考。我惊异地发现“羡慕嫉妒恨”这个网络上诞生的新词，很贴切地表示了嫉妒的来源与发展。从根源上看，嫉妒源于攀比，由于攀比所带来的压力、失望、挫折、屈辱感引发对被攀比一方的不满、排斥甚至憎恨的心理，并在行为中表现出来。身材、容貌、才智、成绩、荣誉、地位、家世背景等各方面的因素，都可以成为被人嫉妒的原因。

的确，在生活中，有的人发现别人比自己优秀时，就会不由自主地产生羡慕乃至嫉妒的情绪；同样，自己优秀了也会感到来自于他人的嫉妒。也就是说，人们有时产生嫉妒心理，有时要面对他人的嫉妒心理。当然，无论哪一种情形的情绪都是对人有害的，甚至会影响人的正常生活。

嫉妒这种不良心理状态，不仅在社会上很常见，在校园里，在孩子们之间也是一样的。有人的地方，就有这种现象，这就是社会。我们要正视问题，解决问题，消除嫉妒带来的负面影响。那么，作为家长或者老师，都应该重视对孩子们进行积极引导，帮助孩子们梳理情绪，学会如何面对嫉妒，学会管理与克制自己的嫉妒情绪，也要学会淡定地面对他人的嫉妒，更加奋进。不要因嫉妒对彼此造成伤害。帮助每一个孩子都能放大自己的格局，拥有独特的处世智慧，直达成功的彼岸。

成功启示 通过不断学习，我一下子豁然开朗。我和女儿分享了自己的学习成果，并鼓励她放下包袱，积极面对，迎接挑战。

我与女儿约定，谨记以下几点。

（1）不忘初心，放大格局。

人生的成长路上，哪有什么一片坦途，关键是你的眼睛看到的是什么，心里想到的是什么。当自己在阳光下，黑暗就不会存在。

“嫉妒”只不过是人类众多情绪中的一种，和高兴、悲伤一样平常。不必在意这些，不必刻意关注这些，更不可以让自己的情绪被这些坏情绪所干扰。守住自己的一颗心，放下纠结，不在乎，随他去，不被“嫉妒”情绪所影响。海纳百川，有容乃大。不要因为别人的态度而让自己变得更孤独。

（2）换位思考，看到对方的闪光点。

一个嫉妒人的人是看不到自己的优点的。因为他的眼光狭窄、心胸狭小。只会用自己的缺点去和别人比较，结果在比较中，导致心理失衡，伤自己，害他人。当面对嫉妒你的人，先要看到他的闪光点，坦然面对嫉妒自己的人。

（3）不断奋进，提升自我拉开差距。

使我痛苦者，必使我强大。使我强大者，必使我感恩。感恩这个嫉妒你的人，是他激励你不断进步。因为超过别人一点点，别人就会嫉妒你；超过别人一大截，别人就会羡慕你。作家贾平凹对付嫉妒的绝招是：“以自己的成功，让对手惭愧。”为什么以笔为业的人不嫉妒巴金、茅盾、老舍？因为他们是巨匠、是大师、是山峰，一般人望尘莫及。人们对自己身边比自己优秀一点点的人，经常会产生嫉妒的心理，可是对比自己强很多的人，却更多的是羡慕和尊敬。有人嫉妒你，说明你还需要更加努力地前行。只有不断学习，不断提升，丰富、完善自己，努力拉开与对方的差距，让自己强大起来，让自己更加优秀，别人的羡慕嫉妒恨才会转化为敬佩与爱戴。

（4）用真诚的心去感动和影响对方。

学会用真诚面对对方，用尊重、理解、帮助、支持、真心来感动和影响对方，成为一个团队的队友，而不是对手。但是记住一定要有自己的底线，《昭明文选·运命论》中说：“木秀于林，风必摧之；堆出于岸，流必湍之；行高于人，众必非之。”如果一切都没有效果，就没必要把所有人都拉进自己的人生中。自己就放开胸怀，泰然处之，轻装前进。

（5）不要太在意这些外在的荣誉。

要懂得不论评选什么都是激励大家进步的一种游戏，不去在乎，以平常心对待就好。有能力才是硬道理，金子在哪里都会发光，自信才是最重要的。要学会忘记自己的荣光，满招损，谦受益。做人要学会低调内敛、谦逊守礼，得到大家的认同与敬佩。

（6）用成长型思维方式面对问题。

我告诉孩子，“金无足赤，人无完人”，不要追求完美，要学会用科学、发展的眼光，辩证的思维看待问题。学会智慧地面对生活中的种种情况，这关系到你在成长道路上如何对待人生和社会。提升自己的格局和修养，智慧地生活，坚定地走好自己的人生之路。

专家点睛 人生路上哪有什么一帆风顺。陪伴孩子成长的过程也是家长自身心灵的成长过程。学做智慧家长就要引领孩子在读万卷书、行万里路、阅不同的人中锻炼思维能力，学会与人和善、于己宽容，从而创造性地解决问题。只有当孩子成长为一个健康、快乐、品行高尚、生存能力强、对自己负责、对社会有用、有担当的人……准备好这一切，才可满怀信心地去迎接美好的未来！

二孩儿妈妈的育儿经

为人母者，不患不慈，患于知爱而不知教也。

——中国北宋时期史学家　司马光

故事放送

陪伴两个女儿一路成长的过程中，虽说非常辛苦，但也有很多欣慰。这不仅有一个妈妈体验到孩子渐渐乖巧懂事的欣慰，更有学习后自己懂得如何做一名智慧家长，与孩子一起快乐成长的喜悦。

7 年前的春天，随着一声啼哭，我们在欣喜中迎来了我家的二宝。记得刚生下大宝时我连抱孩子都不会，是大宝陪我经历了新手妈妈的种种艰辛和欢乐。现在有了二宝，我觉得轻车熟路了。可是大宝的一句问话，让我大吃一惊："妈妈，您带我和妹妹两个会让您太累吗？"我望着大宝那失落的眼神，不由得想起那一年暑假，单位组织去张家口坝上草原旅游的情景。

当时大宝只有 4 岁。旅行社安排的时间非常紧张，游玩一天下来孩子已经很累了，第二天又要早起集合，孩子睡不醒当然不愿意起床。为了不耽误集体的行程，我费了九牛二虎之力连哄带骗地把她叫起来，总算赶上了大巴车。坐好之后，我对后面一位还没有孩子的同事说："还是你轻松啊！"大宝听到后马上说："妈妈，是带着我让您太累了吗？"同事哈哈大笑，说："你这孩子太聪明了！"我却不知道该说什么好，暗暗自责：怎么能让孩子觉得自己是妈妈的负担呢？……看着眼前的大宝，我心想，大宝虽说懂事，但有的时候太过敏感。有了二宝，我更要注意自己的言行。于是，我对大宝说："你们都是我的小棉袄，我累点儿也开心呀！手心手背都是肉，你俩哪一个我都爱呀！"

在忙忙碌碌中，转眼二宝上学了，大宝也即将小学毕业了。谁知，鸡飞狗跳的日子渐渐多了起来。两个宝贝吵吵闹闹，告状不断。我是按下了葫芦又起了瓢。每天要充当她们的"裁判员"。我的爱显然有些不够了。

一个夏日的午后，我拖着疲惫的身子刚进家门，二宝就悄悄地跑过来对我说："妈妈，您不是说，您不在家的时候，不能看电视吗？可是，姐姐就偷偷地开电视了。"本来我又热又累，听了二宝的话，火冒三丈，一个箭步冲进屋里，不问青红皂白，劈头盖脸就把大宝数落一顿。大宝一边委屈地哭着，一边冲着二宝喊道："你个叛徒！坏蛋！"二宝见状给我端了一杯水："妈妈喝水，您别生气！"见二宝这么乖巧，我的气消了一半。我坐了下来，一抬头看见二宝正在冲大宝做鬼脸儿呢。啊！作为两个宝贝的妈妈，每天忙于工作和家务，面对她俩的互相告状，只是简单地处理，既不了解清楚事情的缘由，也没有弄清楚背后的动机，就大发雷霆，我真是一个失职的妈妈！此时，我懊悔不已！

怎么才能摆平这俩"小棉袄"，让她俩和谐共处呢？我读育儿书，听家庭辅导讲座，上网查阅育儿知识，总结得知：简单处理未必有效，对症下药、讲求策略才是真理。

智慧家庭课堂的老师语重心长地告诉我，智慧是可以慢慢生长的。教育孩子不能着急，一定要静下心来，找到原因，动脑筋想办法，去解决问题。你现在是两个孩子的妈妈，不仅要关注孩子们的身体健康，更要关注孩子们的心理特征。二孩儿不同于独生子女，特别是老大在原来自己是独生子女的状态下，忽然生活发生了变化，对于她的心理状态，你更要做到细心加耐心地关注呀！

我听了老师的话，认真查阅资料。原来，英国儿童行为心理学家研究显示：几乎所有的孩子都会对家里出现的其他孩子产生敌意，他们会感到威胁。他们会对家里新成员的出现，产生不安全感，这样就会使他们在情绪和行为上有各种各样的表现。特别是父母对她们态度的细微变化很容易触动孩子们的敏感神经。例如，在有了二宝后，大宝面对父母的态度，哪怕父母的态度言行没有改变，还是原来的那个样子，那时候没有妹妹，她也没有觉得怎么样。可是现在有了妹妹，就会触碰她敏感的神经。因此，孩子越敏感，父母的言行就要越谨慎。

我想，两个宝贝互相告状，原来就是求得父母的关注，寻得安全感。我没有了解事情的真相及孩子背后的动机，简单粗暴地处理问题，只能对孩子造成伤害。这样不仅不利于她俩的成长，两个孩子还会相互伤害。我真为自己不当的言行后悔呀！于是，我决心学习，做一名智慧的家长。

成功启示

每个孩子都是独特的个体。即使在同一个家庭中，不同的孩子也会呈现出不同的表现形式。当两个宝贝再次找我告状的时候，我就学着用“成长型思维”方式解决问题了：“发生了什么事？”“你希望做什么呀？”“噢，我知道了。”“你们都是我的好宝贝，我希望你俩处理好！”“看到你俩能处理好，真为你们感到高兴，你们长大了。”……

在不断地成长中，我也针对如何做好二胎家长慢慢地总结出了几点经验。

（1）遇事冷静不急躁。

先把自己的情绪管理好，不要孩子一哭闹，自己的情绪就跟着失控，不能理性地处理问题。不要让孩子们的坏情绪影响自己，成为坏情绪的传播者和带动者。

（2）用心关注孩子，让她们感受到家长对她们的关心。

关注孩子们，特别是青春期孩子的每一个小细节。如孩子的情绪变化、心理状态。

（3）接纳孩子，与之共情，给予更多的陪伴。

让大宝感受到，虽然有了妹妹（弟弟），但是父母对她的爱没有改变。可以适当抽出一部分时间，单独高质量地陪伴一下大宝，也可以和大宝谈谈心。告诉她，爸爸妈妈即使有了二宝，也还会爱着大宝的。

（4）引导孩子们制定相应的规则。

家长不比较，孩子不计较，并能够按照规则公平、公正地处理两人之间的问题。决不能因为年龄的大小就打破规则。前面有约定，中间有提示、有限制，后面有评价。家长晓之以理，动之以情，孩子们就会心悦诚服。

（5）营造家庭中的温暖氛围。

引导孩子学会分享。抓住细节积极鼓励。为孩子们积极创设分享的情境。这里不只是物质上的分享，更重要的是家庭成员之间爱的分享。

在不断学习中，我感受到了做智慧家长的重要性。只有家长用心学习，深入了解孩子的年龄及心理状态，用心引导，孩子们才会深切地感受到手足之情。

当我积极地学习、理智地处理问题后，我家又恢复了平静。现在小姐俩哪怕分开一天，见面后都可亲热了。你搂搂我，我抱抱你的。在回家路上，妹妹会把自己舍不得吃的糖果拿给姐姐吃。姐姐会把自己买的小玩具送给妹妹，看到这样的画面我真的很开心、很欣慰！

感谢智慧家庭教育的老师为我传授家庭教育课程，指导我学习科学的家庭教育方法。我愿继续努力学习，做一个智慧的家长，不断成长。

专家点睛

作为二孩的家长遇到孩子之间出现的一些问题时，只凭感性出发，简单地处理，就会使事情变得更加复杂。只有家长深入了解孩子的年龄特点、性格特征及心理状态，细心观察、用心思考、弄清楚孩子所有行为背后的动机，讲求策略、对症下药，理智地处理问题，孩子们的问题才能得到真正的解决。真正有智慧的人能纵观全局，以宏观的眼光考虑大事，通晓利害的关键所在。家庭教育更是如此，家长要用爱心、耐心、细心了解孩子的心理，采用正确的方法引导孩子处理好问题，实现双赢，与孩子们牵手共度美好时光。

“女超人”成长之路

你心柔软，却有力量。

——中国台湾当代作家　林清玄

故事放送

从闺女小时候起，我就精心培养她做家务的能力，为此我费尽口舌、殚精竭虑。现在闺女越来越大了，也越来越不听话了。小时候那个乖乖的小姑娘不见了，她处处和我对着干，真是你说东，她往西；你说打狗，她偏撵鸡，整天跟个小刺猬一样。

我常常给她提出很多要求：每天按我教她的方法叠被子，及时清洗自己的内衣袜子，每周帮妈妈做家务，等等。然而孩子的落实情况却与我的要求相去甚远。她竟然特别认真地问我：“妈妈，我为什么要叠被子，晚上我不是还要睡吗？”我真是哭笑不得！我这么爱整洁的人，怎么教育出这么一个懒丫头！

我虽然向她的提了很多要求，但我自己也很努力地表现，因为我知道家长要做好榜样。我也确实称得上孩子的榜样。我还把自己定义为“女超人”，以为这样才是教育。

可事实让我更加伤心。一次，我买了很多物品需要搬上楼。这么多物品，在我“女超人”的眼里就是“小菜一碟儿”。作为“女超人”，我不等不求，自己一咬牙直接把东西扛上楼。这么做的原因是我想做个“不怕困难”的榜样给孩子。我认为我这样的表现很勇敢。

谁知家里的父女俩谁也不买账。俩人不屑一顾，就你能！也不喊我一声！我真是气不打一处来：“说什么便宜话，你们试一试！我干了半天，竟然不落好！”

再说我家先生。他比较内向，很多时候不善于直白地表达，而我也一直嫌先生是个闷葫芦。闺女不听话，他也不吱声，更是让我烦躁！

怎么办？于是，我参加了42天跟踪指导课程学习。我期待能够学几招，好回家继续打压闺女，让她听话，努力学习。

在专家老师的引导下，我发现了好多以前从没注意过的问题。专家老师的陪伴与引领，让我看到了一个不完美但很真实的自己，找到了平时困扰自己的原因。

（1）过于强势，带来对抗。

我非常要强也够自律，但在这种思维定式下，平时的生活难免严苛有余、宽容不足。而孩子面对我这样的妈妈，肯定会产生对抗心理。

我还明白了原来自己很多情绪的产生，其实都是自己的“心魔”在作祟。我很多时候缺乏换位思考，一厢情愿地要求孩子来实现自己的心理预期。这样做的结果可想而知——青春期遇上更年期，这就是我和孩子亲子关系的真实写照！

学习反思后，我发现在我的表达里经常出现否定和批评的字眼，这样来评价家人肯定是不妥的，这一点我以前竟然未觉察。要不是学习开悟，我真是一辈子都不可能知道。

（2）重新审视，从我做起。

经过学习反思，我知道智慧的家长要把“嘴巴闭上，耳朵打开”。于是，我尝试着用表达自己感受的方式与孩子和家人沟通，同时允许孩子表达自己的情绪。我尝试着去跟随孩子情绪，多了解她的喜怒哀乐，学着用诸如“嗯”“我明白”“我理解”“我知道”这些词语去回应她，让孩子充分表达。当她的情绪释放之后，我放下自己的评判标准，问她：“你准备怎么做？”找到孩子情绪背后的心理需求，最后再征求她的意见：“需要我帮你做什么？”

（3）放下焦躁，静心等待。

在进行家庭教育学习后，我终于意识到，很多时候是我着急了。只要她稍有懈怠，我连等待都不肯，等不及孩子去做，我就做了。我做完后，还不忘批评她的懒惰。我这样做是帮助了谁呢？孩子也没得到锻炼，我干了活，还生了气。我这才是真正的受累不讨好。

（4）学会“示弱”，创造机会。

我知道了我是一个自以为是的“全能妈妈”。今后我一定要逐渐学会“示弱”，给孩子更多的表现机会，而我自己要做个好观众或者“啦啦队员”。反思自己，其实很多时候我逞强真的很累，与其硬着头皮去独自面对，不如给孩子一些机会，给她展现自我的平台，那么孩子的自信心一定能高涨。

读万卷书不如行万里路，行万里路不如阅人无数，阅人无数不如名师指路，名师指路不如自己开悟。

意识到问题，就是改变的开始。我的这一改变，在学习后的第一周就获得了女儿的肯定。她对爸爸说：“妈妈很包容我，没有在我脾气不好时对我发火。”孩子的话，我很汗颜。我这个常常自诩最爱她的妈妈，多少次在孩子有情绪的时候不仅没有关心她，还冷言冷语，批评加责罚。我第一次默默在心里对自己进行了批评。

同样是鼓励闺女做家务，我的方法改变了。对于我这个无所不能的全能妈妈来说，先要做的是战胜自己的习惯心理，先不去做，让孩子自己去判断做什么、怎么做。而我在这个过程中，适当提醒她就好了。

就这样一段时间下来，我欣喜地发现孩子有了不小的进步。她有时候起晚了，床上虽然凌乱，但她的睡衣一定是叠好放在床头的；晾衣架上经常晾晒着孩子自己洗的内衣、袜子。看来，家长的放手与等待，给了孩子成长的空间。真是没想到，她会回报给家长更多的惊喜！

尤其是在疫情期间，女儿一下子成长起来了。当我购买了许多生活日用品后请求孩子帮助时，女儿瞬间化身“大力水手”，像我以前一样，咬牙坚持着，把沉重的箱子搬上了楼。特别是在得知我要到社区参加执勤，为社区群众进行测温时，她向我表示，她要向独自将 15 000 只口罩顺利运送回国的只有 15 岁的赵珺延学习，也要和我一起去参加执勤，进行测温工作，做一名志愿者。

有一天，我身体不舒服。这要是在原来，我肯定坚持着也要完成给自己的目标。而这次，我告诉闺女我不舒服后，闺女的关爱之情溢于言表。她不停地叮嘱我注意休息，出门戴好口罩，做好消毒。孩子给我端水送药，还对我说：“妈妈，您知道您生病了我有多担心您吗？”看着孩子那认真的样子，眼睛里流露出对我的关爱，我感觉温暖极了。原来，学会示弱，真的可以感受到幸福！示弱竟然有如此大的作用！

家人的变化更是让曾经自以为是的我感到惭愧。复课后，孩子每天回来会主动跟我说学校的事情，晚上写作业时的专注度比以前提高了很多，早上起床也没那么费劲了。

一个周末的午后，闺女惊喜地对我说：“妈妈，很奇怪哎，最近我居然没有抠手，我的手都好了，太不可思议了！”孩子的话，让我感慨良多，以往，为了帮孩子改掉抠手、啃手的坏毛病，我真是想尽了各种办法，甚至去医院检查微量元素，涂抹苦药水，做美甲……看来，这些治标不治本的方法真不如家长好好学习一堂“换位思考，学会尊重孩子”的智慧家长课程更见功效啊！学习，让我在不知不觉中解决了困扰多年的问题。

现在，先生对我也不吝啬表扬之词，他会认真地给我写评语，对我表示了肯定。他会对我在学习中给予孩子的包容致谢，对我在生活中为家人的付出给出精彩的点评。特别是当奶奶生病那周，先生的一句“幸亏有你的陪伴，让我在无助的情境下有了力量”时，我的眼眶都湿了。有家、有爱，才是最温暖的地方。

42 天的跟踪学习，让我学到了很多，收获了很多。孩子的问题本质上是家长的问题，是家长成长问题的折射。在陪伴孩子成长的过程中，我们家长的智慧哪里来？这需要不断学习，不断开悟，这样才会带来不断地改变。愿自己永远保持学习动力，在学习中不断成长，和我的家人们一起收获幸福。

专家点睛

在生活中，大多数家长只关注孩子的学习成绩，对于其他的一切则是包办代替。渐渐地，孩子失去了各种能力，而且不懂感恩，没有了责任感。“纸上得来终觉浅，绝知此事要躬行”，当妈妈懂得示弱，向孩子展现软弱的一面时，更容易激起孩子的内动力，激发孩子的积极性主动性。因此，学会适当的示弱，可以说是每位妈妈的必修课。

文中堪称“女超人”的妈妈就是在明师的引导下，抓住教育契机，不断地反思，找到了自己的问题，用柔韧的智慧，用自然流露的爱与孩子一起成长！

参考文献

1. 夏传寿. 环境描写　渲染气氛[J]. 高中生，2014（3）：6-7.
2. 伍晓凤. 小学生家长接受家庭教育指导现状研究：基于南昌市 Q 区的调查[D]. 南昌：江西师范大学，2019.
3. 陈阳. 浅谈中等职业学校英语听力教学[J]. 才智，2010（34）：85.
4. 管小代. 相信什么，人生就会靠近什么[J]. 杂文选刊，2020（8）：34-35.
5. 蔡红. “以人为本”管理学生[J]. 教学研究，2004（6）：535-536.
6. 薛燕. 影响中职学生学习积极性因素的调查研究：以 X 中职学校为例[D]. 长春：吉林外国语大学，2019.
7. 张万祥 . 追求：我生活的主旋律[J]. 人民教育，2000（9）：50-53.
8. 吴刚. “独孩反二胎”说明了什么？[J]. 妇女生活（现代家长），2015（5）：4-6.
9. 曾艾可. 可怕的错觉：人人都会犯的致命错误[M]. 北京：企业管理出版社，2009.

后 记

手捧散发着墨香的《育子先育己——家长自我成长 36 例》真是感慨万千，这里不仅凝聚着我与广大致力于家庭教育的同行者的心血与汗水，更饱含我们对家庭教育工作美好未来的热切期盼。

一路走来，忘不了我们在家庭教育这条路上的学习与探索，忘不了我们对家庭教育的执著与热爱，更忘不了大家的引领与帮助。一路走来，沉甸甸的收获让我们备感欣慰。

智慧家长系列课程，让每位家长耳目一新。精彩的专家授课，有趣的互动体验，生动的答疑分享，一对一耐心的跟踪指导等形式多样的活动，在陪伴家长成长中实现着我们“幸福小家、帮助大家、贡献国家”的美好愿景。家教立法时代所需，家庭教育任重道远。家校社协同育人一体化，开拓家庭教育新生态。我们将继续秉持让更多孩子能够健康成长、让更多家庭拥抱幸福生活的信念，积极传递专业、实用、科学的家庭教育知识、理念和方法。

《育子先育己——家长自我成长 36 例》记录了我与广大家长朋友一起成长的故事。从某种意义上说，这本书是我们共同用心创作的，是我们相互成就、共同见证生命成长的故事。

感谢为《育子先育己——家长自我成长 36 例》一书所有付出的老师们，感谢副主编董晓晖老师，从文稿的撰写、编辑，多次审稿、修改、润色，到定稿做了大量的工作。同时感谢参与修改的朱雪梅老师、方芳老师、杨茜老师以及音频诵读的高畅老师。是我们的携手努力，在不断积极研究与完善中，使得这本凝聚着大家的家庭教育智慧的书籍得以出版，在此表示由衷感谢！

愿每一位热爱家庭教育事业的朋友们继续携手，育儿育己、育家幸福！教育从来不是孩子的功课，而是父母的修行。爱是一种本能，但高质量的爱需要永不停息的自我成长。若有一天，您懂得了四两拨千斤，懂得了润物细无声，懂得了因势利导，懂得了共情与尊重，您会发现教育其实非常简单，那就是家长的自我成长，是一棵树摇动另一棵树，一片云推动另一片云，一个生命唤醒另一个生命！

本书在编写过程中还得到了中共天津市委教育工作委员会、天津市教育委员会的关心与支持，两委领导和有关部门负责同志对本书的编写提出许多非常好的指导意见和修改建议，在此一并表示衷心的感谢！

陈秀茹

2022 年 4 月